RAPHAËLLE GIORDANO

UN NUOVO GIORNO ARRIVA QUANDO TROVI IL CORAGGIO DI RIFIORIRE

Traduzione di
SARA ARENA

Garzanti

Prima edizione: gennaio 2025

Traduzione dal francese di
Sara Arena

Titolo originale dell'opera:
Heureux les fêlés car ils laissent passer la lumière

ISBN 978-88-11-01353-2

Printed in Italy

www.garzanti.it

UN NUOVO GIORNO ARRIVA
QUANDO TROVI IL CORAGGIO DI RIFIORIRE

«Chi è stato morso dal serpente teme la corda.»

PROVERBIO MAROCCHINO

«Il coraggio cresce osando, la paura esitando.»

PROVERBIO LATINO

«Chi non ha paura non ha coraggio.»

PROVERBIO DELLA COSTA D'AVORIO

«Il fondamento della vergogna non è un nostro sbaglio personale ma l'oltraggio, l'umiliazione che proviamo per essere costretti a essere ciò che siamo senza averlo scelto, e l'insopportabile sensazione che questa umiliazione sia visibile da ogni parte.»

MILAN KUNDERA

«La paura non è il peggio. Quel che è atroce è la vergogna di guardarsi mentre soccombiamo alla paura.»

PIERRE GÉLINAS

«Tu sarai amato il giorno in cui potrai mostrare la tua debolezza senza che l'altro se ne serva per affermare la sua forza.»

CESARE PAVESE

1.

Un messaggio da un uomo la vigilia di San Valentino lascia presagire intenzioni romantiche. Questo SMS arrivato pochi istanti fa, questa semplice frase, ecciterebbe e riempirebbe di gioia qualsiasi altra donna.

Cara Alice, metti in borsa solo uno spazzolino da denti.
Mando una macchina a prenderti...

Adorabile. A quanto pare il suo *match* ha sentito il desiderio di farle una sorpresa. Non osa definirlo «il suo fidanzato», perché si sono conosciuti solo tre settimane fa su un sito di incontri. A ben guardare, trova strana quest'epoca in cui si parla di *match* invece che di fidanzati. Qualche volta pensa che avrebbe preferito vivere nel XIX secolo, quando gli uomini corteggiavano le donne e la galanteria era la norma. Fare la corte prima di fare l'amore. Un concetto antiquato ma così piacevole. Oggi le relazioni sono tutte accelerate. Qualche *clic*, un contatto. Qualche messaggio, un appuntamento. In poche ore tutte le frontiere sono già superate. Non è questo ciò che sogna. Eppure, nonostante tutto, è lei la prima a moltiplicare gli incontri virtuali e a passare intere serate a swipare uomini su siti di incontri. Pollice a destra per un sì, pollice a sinistra per un no... I destini amorosi sono affidati a degli algoritmi. Che opinione avrebbero avuto i suoi bisnonni su queste nuove pratiche che non offrono altra scelta se non rinunciare al fascino del caso e agli scherzi della sorte, talvolta così deliziosi? Nell'arco di due generazioni il romanticismo si è ristretto come un maglione lavato a temperature troppo alte. Anche se la parte sentimentale che è in lei lo rimpiange, benedice comunque le app che le permettono di entrare in contatto con i suoi simili senza esporsi direttamente. Dietro uno schermo si sente più a suo agio nel fare conoscenza. Nella vita reale, è tutta un'altra storia. Sa di essere «particolare», cosa che rende la sua ricerca ancora più difficile. «Inclassificabile», ecco la parola che le viene in mente. È consapevole che non tutti apprezzano il suo aspetto fisico. Senza dubbio ha un peso il suo stile nel vestire, originale, a volte eccentrico. Ha la tendenza a indossare abiti che non mettono particolarmente in risalto le sue forme. Inoltre lascia spesso che i folti capelli castani le coprano parte del viso e che la lunga frangia in disordine nasconda lo splendore dei suoi occhi azzurro piscina. Si potrebbe credere che per una persona così timida sia una contraddizione scegliere un look bizzarro, ma evidentemente l'eccentricità è una sorta di armatura che le consente di affrontare il mondo. Perché la gente la spaventa un po', anche se stenterebbe ad ammetterlo. A causa della sua ipersensibilità non vede le persone come tutti gli altri. Senza volerlo, immagina la loro capacità di ferire, deludere, ingannare o abbandonare. Spesso i commenti lasciano il segno. Teme lo sguardo e il giudizio. Ma, in questo momento, è proprio lei a guardarsi severamente allo specchio del suo piccolo salotto. Si porta le mani alle guance e spalanca gli occhi in un'espressione drammatica che in circostanze diverse potrebbe trovare divertente.

«E adesso cosa faccio?»

Ripensa al suo *match* e a quel maledetto messaggio. Eppure dovrebbe esserne felice... Il ragazzo è carino. Ed è evidente che ha una cotta per lei.

Tra loro le cose si sono evolute molto velocemente. Un'attrazione immediata, una fluidità inattesa negli scambi. Tante buone ragioni che potevano giustificare il suo entusiasmo palese, e poi questa proposta gentile e francamente deliziosa. Peccato che, invece di essere felice, lei si senta in pericolo.

Come spiegare che questo invito le causa uno stress sproporzionato, incomprensibile ai più? Chi potrebbe immaginare il film che è partito all'istante nella sua testa quando ha letto le parole «spazzolino da denti»? «Spazzolino da denti» per lei non significa solo «spazzolino da denti». No. Richiama concetti più angoscianti. La certezza di una notte trascorsa in un luogo sconosciuto che non è casa sua. Un appartamento in affitto? Un albergo, forse? Ma dove? E se quell'idiota – la paura le provoca di riflesso una forma di aggressività – avesse avuto l'idea folle di prendere un biglietto del treno o, peggio ancora, d'aereo?

La promessa di una notte d'amore in un luogo misterioso dovrebbe sembrarle gioiosa e allettante. In sé, nulla di strano: lui propone, la dama accetta, gli amanti si incontrano e se la godono... Uno scenario classico per persone normali. "Tutti lo farebbero", pensa. Tutti tranne lei. Davvero non se la sente di affrontare questa situazione piena di incognite. Lo stress si tinge di tristezza di fronte alla constatazione della propria incapacità.

– Metti in borsa solo uno spazzolino da denti... È quasi comico. Il suo spasimante ha la minima idea di cosa contenga il beauty di una donna? Tanto più che le sue dimensioni sono inversamente proporzionali alla fiducia che ha in sé stessa. E infatti il suo riempie da solo uno zaino. Spazzola, piastra per capelli, struccante per il viso, struccante per gli occhi, crema giorno, crema notte, cipria, fondotinta, mascara, eyeliner, blush, pennello, piumino per la cipria, trousse di ombretti, dischetti di cotone e soprattutto, la cosa più importante, correttore per le occhiaie, un amico fedele nelle mattine storte...

Per non parlare dell'equipaggiamento inconfessabile: i tappi per le orecchie, senza i quali le è impossibile dormire, che dovrebbe riuscire a infilarsi discretamente al buio in modo che lui non se ne accorga, gli antidolorifici in caso sopraggiungano dolori inopportuni, la melatonina, o l'ansiolitico, se l'insonnia prendesse una brutta piega... E poi il power bank, che porta sempre con sé oltre al caricabatteria standard, per essere sicura di poter ricaricare il cellulare in ogni circostanza (hotel nella savana, blackout generale, uragano...). Alice dà prova di grande creatività nel pianificare possibili catastrofi e talvolta riesce persino a sorridere del proprio senso dell'esagerazione. Ha l'ansia simpatica, condita da una generosa spruzzata di autoironia e umorismo. Dunque, il cellulare: l'oggetto vitale, il più importante di tutti in questa vacanza obbligata, perché un telefono carico è indispensabile per inviare un SOS a qualche amico o per chiamare un taxi e fuggire se la situazione diventasse insostenibile. Inoltre non parte mai senza infilare nello zaino qualche provvista, di solito biscotti, una mousse di frutta in busta o una tavoletta di cioccolato (cosa c'è di più ansiogeno che trovarsi bloccata tra le quattro pareti di una camera d'albergo con lo stomaco vuoto, sola con la tua fame nervosa notturna?), una bottiglia d'acqua in caso di tosse secca sui mezzi di trasporto, dei fazzolettini di carta (non vuole né rischiare di soffocare nel suo muco né doversi asciugare il naso con le dita).

"E se lui russasse?"

Il brutto film continua. Cerca per un istante di vedere il lato positivo delle cose.

"E se passassi una serata fantastica?"

Tentativo lodevole, ma... no. Tutti gli aspetti negativi tornano alla carica e le sue difese si ergono come altrettante barricate invalicabili. Eppure esita ancora e quel conflitto interiore le è insopportabile. Cosa dovrebbe fare? Cosa dovrebbe dire? Gira a vuoto, quando le basterebbe essere ferma e ammettere: «No, non mi va». Semplicemente. Ma una parte del problema è proprio questa: non sa dire di no. Non sopporta quel lato di sé e ancor meno la sua vulnerabilità... Vorrebbe tanto poter accettare la proposta! Ma le è già capitato di dire di sì e il suo cervello ha diligentemente registrato i miseri risultati dell'esperienza. Ricorda bene che, ogni volta che ha passato la notte con un uomo che conosceva poco, non ha dormito. In una camera d'albergo, uno dei problemi è l'ansia di non potersi isolare. Dopo l'amore, gli uomini si addormentano come sassi, la maggior parte delle volte, e lei rimane lì, con gli occhi fissi al soffitto. Non si sente libera di muoversi, per paura di svegliare l'altro, ma per prendere sonno avrebbe bisogno di stendere le gambe a quarantacinque gradi, di rotolare da un lato e dall'altro, a volte di far volare via il piumino... Senza saperlo, il suo *match* le ha inviato un biglietto di solo andata per una notte in bianco. Il fatto è che lei, quando non dorme, non è più la stessa. Un po' come un Mogwai che diventa un Gremlin. La stanchezza, l'ansia, la tensione la sopraffanno, l'angoscia sale e, a quel punto, ha una sola idea in testa: fuggire. Autorizzarsi a fare una cosa del genere, però, non è facile. E che imbarazzo infliggere tutto questo al suo compagno di letto! Di certo la prenderebbe sul personale. E la vergogna le impedirebbe di confessare i suoi blocchi e le sue ridicole stranezze.

– Mando una macchina a prenderti. Il suo cervello lancia un segnale d'allarme per l'informazione mancante. Ha dimenticato di dire dove. "Dove, maledizione?" Ricade nell'aggressività involontaria della persona iperansiosa sull'orlo di una crisi di nervi. Chiude gli occhi. Si rende perfettamente conto di non essere arrabbiata con lui, bensì con sé stessa. Mille volte ha sognato che un uomo azzardasse il romanticismo di una bella sorpresa. Perché la verità è che adora questa forma di creatività amorosa...

Le persone normali direbbero che sta esagerando, che le basterebbe bere due bicchieri di champagne perché vada tutto bene, che è un peccato rinunciare, di sicuro si perde momenti fantastici... Ecco. All'ansia si aggiungono la vergogna e il senso di colpa. Come al solito. Vorrebbe tanto essere diversa da com'è. Sente i battiti sordi del cuore nel petto. Dovrebbero essere quelli di una donna infatuata, colpita ed emozionata dall'inatteso regalo di San Valentino, non una pressione del genere. Fa un profondo sospiro di tristezza. È delusa da sé stessa e arrabbiata con lui. Ma non poteva certo sapere che anche solo la parola «sorpresa» l'avrebbe gettata in quello stato. Mai oserebbe confessarlo. A ventotto anni, nessuna delle sue storie d'amore ha superato il Capo Horn dei tre mesi; si sono sempre infrante prima sugli scogli della sua personalità complessa.

Guarda mestamente il messaggio. Sa che la richiesta di lui segna la fine di quella relazione nascente. Non avrà il coraggio di giustificarsi, di spiegare cosa significa per lei. Di svelare la sua zona d'ombra a un quasi sconosciuto. Non capirebbe. Si offenderebbe. O forse no. La troverebbe strana. Pazza. Un impiastro. Tutto accadrebbe molto velocemente. Come al solito. Non cercherebbe di approfondire. Lascerebbe passare qualche giorno di silenzio di cortesia prima di sferrare il colpo di grazia con il messaggio finale, la picca della rottura.

Non avrebbe nemmeno il tempo di dirgli che non si chiama davvero Alice.

2.

Auguste è al volante accanto al suo capo, Gérard. Sta guidando la macchina aziendale, un'auto di rappresentanza accuratamente scelta come simbolo di successo e per affermare la notorietà del loro studio di progettazione agli occhi di una clientela di alto livello. Gérard tamburella con le dita sulla lussuosa valigetta di pelle nera riservata agli incontri importanti. Saranno loro due a rappresentare l'immagine di Eden Garden, uno studio specializzato in vegetalizzazione e architettura del paesaggio. Si tratta di un contatto importante. Il budget potenzialmente è molto elevato, come la cliente ha anticipato al telefono. Gérard ha già avuto una lunga conversazione con lei: una donna affascinante che gli ha parlato della sua grande casa a Rueil e dei suoi desideri per gli spazi esterni, anche se non ha ancora deciso uno stile in particolare per il giardino. È di questo che dovranno discutere durante il primo incontro in presenza, che lui ha accettato dopo essersi assicurato della serietà della richiesta. La sua procedura è semplice: chiunque chiami per chiedere un preventivo deve inviare delle foto del luogo per esporre la propria problematica paesaggistica. Otto persone su dieci lo fanno. Questo permette di eliminare in partenza il venti per cento rappresentato da coloro che non sono abbastanza motivati per andare fino in fondo. Gérard è un uomo pragmatico.

Auguste, ansioso che l'incontro vada bene in modo da poter portare a casa quel contratto così allettante, passa in rassegna gli argomenti in grado di sedurre i promettenti clienti, il signor e la signora De Montlhéry. Sa bene che, in una presentazione, la forma conta tanto quanto il contenuto. L'intonazione, il linguaggio non verbale, la sincronizzazione dei gesti con l'interlocutore... Da buon comunicatore ed esperto in tecniche di vendita presta molta attenzione a questi piccoli segreti. Si allena ripetendo il suo discorso a Gérard, come un attore ripassa un copione. La tonalità della voce è attentamente calibrata per trasmettere sicurezza e un'incrollabile professionalità.

«Si vede che hai lavorato! Bravo. È tutta un'altra cosa rispetto all'anno scorso!»

Auguste accoglie con gioia il complimento del suo capo. È vero che l'anno prima si era trovato in difficoltà durante un incontro decisivo con un cliente, cosa che all'epoca aveva contrariato Gérard. A tratti aveva balbettato, si era confuso nell'illustrare le varie opzioni e a un certo punto aveva perfino perso il filo del discorso... Auguste non avrebbe mai ammesso che a intralciarlo in quella situazione era stata la fifa che lo travolgeva quando la posta in gioco diventava troppo alta. Si era profusamente scusato con Gérard, adducendo come giustificazione un problema personale che gli aveva impedito di concentrarsi. Il direttore gli aveva creduto e aveva perdonato quella sua piccola défaillance, conquistato com'era dalle qualità professionali del suo architetto preferito. Auguste odiava quello che era successo e mai e poi mai avrebbe voluto essere colto di nuovo in fallo in una circostanza simile! Così aveva deciso di rivolgersi a un coach per acquisire maggior sicurezza. I risultati esteriori erano più che soddisfacenti. Dentro, invece, era tutt'altra storia. Auguste riusciva a mascherare il suo stress ma purtroppo non a farlo sparire.

Nell'abitacolo, i due uomini ora sono silenziosi, ognuno immerso nei propri pensieri. Auguste ha gli occhi fissi sulla strada. La ruga tra le sopracciglia si è approfondita, le mani sono strette sul volante e la palpebra sinistra ha piccoli spasmi impercettibili. Gira la testa verso Gérard e spera con tutto il cuore che non noti quei segni di nervosismo. No, sta guardando fuori dal finestrino, senz'altro impegnato a ricapitolare i passaggi dell'articolato brief che intende proporre ai potenziali clienti.

Auguste, nel tentativo di dissipare il proprio disagio, cerca dentro di sé le parole che potrebbero placarlo. Ripensa agli anni in cui giocava a rugby e a ciò che l'allenatore gridava alla squadra negli spogliatoi. «Siate forti, ragazzi! Fategli vedere cosa avete tra le gambe! Siete uomini o no?» Si ripete mentalmente le stesse incitazioni. Di solito quella forma di autosuggestione funziona. Oggi però è sopraffatto dall'importanza dell'appuntamento. Sta sudando. Sente ribollire il sangue. Professionalmente si trova a un punto di svolta. Se riuscirà a dimostrare quanto vale in questo grosso incarico, ci sono buone probabilità che Gérard gli offra finalmente di diventare socio dello studio. Il suo sogno da anni. Auguste ha sacrificato molto per la carriera. A trentatré anni non è sposato, non ha ancora avuto figli. Ma che importa! Da bambino, spesso veniva preso in giro dai suoi coetanei per gli occhiali dalla montatura verde fluorescente e per il nome insolito. Difficile portare il nome di un imperatore quando hai l'aspetto di un pagliaccio. Da lì il rugby. Muscoli dissuasivi. E le lenti a contatto, della cui esistenza è grato ogni giorno. Al liceo era persino diventato un bel ragazzo molto corteggiato. Finalmente si sentiva felice, a proprio agio. Finché un'esperienza sentimentale negativa non ha intaccato di nuovo la sua fragile autostima... Una storia della quale ancora subisce gli effetti nella sua vita da adulto. Auguste ha qualcosa da dimostrare al mondo e a sé stesso. Ha voglia di combattere e di far vedere di cosa è capace. In primo luogo al suo capo, che rispetta e di cui desidera l'approvazione. Quella promozione, la vuole. A tutti i costi.

La macchina si ferma davanti a un grande cancello in ferro battuto. Dopo che Auguste ha premuto il pulsante del videocitofono, una calda voce femminile lo invita a parcheggiare in fondo al viale. Nel momento in cui tira il freno a mano, sente un piccolo groppo stringergli la gola. Grazie a

Dio, il suo splendido sorriso, frutto di un trattamento sbiancante per cui ha sborsato al dentista ottocento euro, inganna Gérard, che scende dall'auto senza accorgersi di nulla. Non appena Auguste mette un piede fuori, un'orda di cagnolini si avventa contro di lui.

Una muta di chihuahua! Ci mancava solo questo. Auguste ne prende uno in braccio. Il minicerbero ringhia un po', ma qualche carezza e qualche parola rassicurante finiscono per calmarlo. Una coppia sulla sessantina li aspetta sotto il portico dell'ingresso. La donna è graziosa, paffuta, e indossa un elegante tailleur attillato. Per affrontare l'aria fresca di quell'inizio d'autunno si è gettata sulle spalle un grande scialle di cachemire giallo che si intona bene con il sofisticato chignon a banana. Al suo fianco, il marito è immobile, dritto come un fiammifero, che ricorda anche nelle caratteristiche fisiche, segaligno e rigido com'è. Auguste nota il taglio impeccabile del suo completo blu scuro.

«Mi dispiace, spero che non le abbiano dato noia!» esclama Claire de Montlhéry, mortificata.

«No, per niente. Sono adorabili.»

La cliente arrossisce di contentezza. È orgogliosa dei suoi piccoli cani, che sembra curare come gioielli. Li adora e non fa nulla per nasconderlo.

«Come si chiamano?» domanda Auguste.

Claire fa le presentazioni. Quello che lui tiene in braccio è Golia, mentre ai suoi piedi ci sono Haribo e Ricola. Auguste è sorpreso. Non si aspettava che una donna come Claire potesse scegliere dei nomi così buffi.

«Quando si invecchia, ci sono momenti in cui si ha bisogno di tornare bambini!» scherza lei di fronte alla sua espressione stupita.

Auguste simpatizza con il branco canino sotto lo sguardo compiaciuto della cliente. Sente che sta guadagnando punti. Il marito di Claire, André-Louis, probabilmente ansioso di venire al sodo, pone fine alle effusioni e li invita ad accomodarsi in salotto. Notando la sontuosità dell'ambiente, Auguste rivolge uno sguardo complice a Gérard. Quel posto è stato ristrutturato con gusto squisito: materiali pregiati, arredi scelti con cura, suddivisione intelligente dello spazio...

«La vostra casa è magnifica», si permette di dire Auguste, sinceramente impressionato.

«Vero?» replica Claire con aria felice.

"Un progetto così curato fin nei minimi dettagli può solo essere opera di un professionista esperto", pensa Auguste ammirato.

«Senza dubbio vi siete rivolti a un eccellente studio di architettura. Qualcuno che conosco, forse?» butta lì Gérard, per carpire informazioni sempre utili sulla concorrenza.

«No, non credo...» risponde Claire.

Auguste coglie sul volto del suo capo la piccola smorfia contrariata di quando non riesce a ottenere ciò che vuole. È evidente che Claire de Montlhéry preferisce fare la misteriosa.

«In ogni caso, chi se n'è occupato ha del talento!» aggiunge Gérard, rispolverando il suo atteggiamento gioviale da perfetto imprenditore, affascinante ed entusiasta.

«Si tratta di una donna.»

Il tono di Claire è pieno di malizia. Contenta del piccolo effetto sorpresa che ha sortito, invita i due signori di Eden Garden ad accomodarsi.

Prendono posto attorno a un elegante tavolino e la loro ospite serve del tè Pu-Erh Imperiale in un bel servizio di porcellana cinese. Auguste osserva attraverso le ampie vetrate il giardino ancora allo stato selvaggio. È lì che interviene Eden Garden. Inizia a prospettare le possibilità, decanta loro il catalogo dei giardini dei sogni: alla francese, all'inglese, giapponese... André-Louis lo interrompe. Lui e la moglie hanno già riflettuto su ciò che desiderano. Spiega che il suo lavoro di esperto in aeronautica li ha portati a vivere all'estero per molti anni.

«Siamo stati in Canada, in Africa, in Cina... ma il paese che più ha lasciato il segno è il Brasile. I nostri figli, che ormai sono grandi, ci hanno vissuto i loro anni migliori! Abbiamo un ricordo indimenticabile di quel periodo...»

Sua moglie si inserisce: «È per questo che vorremmo ritrovare quell'atmosfera qui, in Francia, nel nostro giardino».

«In sostanza, l'idea è portare Rio a Rueil-Malmaison!» conclude Auguste.

Claire scoppia a ridere. Anche André-Louis sembra apprezzare l'arguzia ed elargisce ai due di Eden Garden un sorriso promettente.

«Ottima formula. Mi piace. Ha colto perfettamente il nostro desiderio.»

Auguste sente qualcosa allentarsi in corrispondenza del nodo della cravatta. L'appuntamento sta andando bene. Ricomincia a respirare liberamente. Il suo capo lo osserva con aria d'approvazione. Auguste ha preparato il discorso. È il momento, pensa, di far brillare loro gli occhi illustrando le possibilità! Ha messo a profitto i consigli del suo coach: «Tutti i grandi oratori usano immagini forti. Devi creare un'atmosfera, permettere ai tuoi clienti di sognare. Conquistali con l'emozione, non con la ragione! Non sono i dettagli tecnici del tuo lavoro la cosa che li interesserà di più, ma che tu offra una visione vivida del loro progetto. Ciò che vogliono è vivere attraverso le tue parole le sensazioni che il loro magnifico giardino susciterà...». Quei suggerimenti gli risuonano ancora nella testa e stimolano la sua ispirazione. Si alza e inizia la sessione di proiezione immaginaria del futuro parco dei coniugi De Montlhéry. Anche se non ha ancora lavorato sul progetto, attingendo al suo ricco archivio mentale è in grado di improvvisare su due piedi una passeggiata nel verde.

«Immaginate...»

Auguste lascia la frase in sospeso per qualche secondo in modo da catturare l'attenzione del suo pubblico. Operazione riuscita. Claire e André-Louis pendono dalle sue labbra.

«...di svegliarvi al mattino, spalancare la vetrata e avere davanti una splendida vegetazione rara ed esotica a perdita d'occhio. Non semplici palme, no... Niente di così banale nei miei progetti per voi! Penso a palme californiane o a palme delle Canarie, i cui rami ricordano la coda di un animale leggendario...»

Claire ha lo sguardo sognante e André-Louis è rimasto a bocca aperta. La fifa svanisce. Auguste, trasportato dalla sua passione e incoraggiato da quelle espressioni che rivelano un innegabile interesse, continua il racconto.

«Se vi metto dei fiori, non saranno semplici ibiscus. No, come un cacciatore, andrò a cercare per voi varietà sconosciute al grande pubblico, collezioni di piante rare coltivate in vivaio, *Daphne gemmata* dalle infiorescenze gialle, magnolia Blue baby dalle fioriture blu metallico o, perché no, *Carpinus fangiana*, il leggendario albero dalla coda di scimmia che ha le foglie più grandi nel suo genere...»

Auguste fa una pausa come se fosse a teatro. Sente di aver portato i De Montlhéry molto lontano. Hanno le stelle negli occhi e un sorriso gioioso sulle labbra. Il cuore inizia a battergli più forte. È l'emozione di aver superato la sfida. Si siede lentamente e butta lì, con una modestia venata di ironia: «Si tratta solo di alcune prime idee...».

«Non sono male», replica il marito che, da buon negoziatore, non vuole dare l'impressione di essere stato conquistato troppo rapidamente.

«Sono eccellenti, tesoro!»

Lui lancia uno sguardo contrariato alla moglie, poi riporta la conversazione su un terreno più tecnico. «Quello che vogliamo è soprattutto poterci godere il nostro giardino sia di giorno sia di notte, in inverno come in estate!»

«Non preoccupatevi, inseriremo questo dato nelle specifiche», rassicura Gérard.

«Ma così tante piante non richiederanno troppa manutenzione?» chiede Claire. «Non ho per niente il pollice verde e non mi va di passare i weekend a fare giardinaggio!»

«Non sarà necessario, signora», risponde con prontezza il direttore. «Tutte le piante saranno dotate di un sistema di irrigazione automatico molto sofisticato.»

«Potrei persino occuparmene personalmente a distanza, dal mio smartphone!» aggiunge Auguste con un'occhiata complice.

Claire è entusiasta. André-Louis sta esaminando i contratti che Auguste ha preparato. Non sembra battere ciglio sulla parcella dello studio per la progettazione. Un cliente da sogno! La maggior parte storce il naso all'idea di sborsare una tale somma senza avere la certezza di realizzare i lavori in seguito.

Haribo si arrampica sulle ginocchia di Auguste, che lo gratta distrattamente dietro le orecchie mentre con l'altra mano tende una penna ad André-Louis per la firma. Solo il cane sembra percepire la sua agitazione, perché inizia a leccargli senza sosta le dita. Lo sguardo di Auguste rimane fisso sui documenti e sul braccio sospeso di André-Louis.

«Aspetta, André-Louis!»

«Cosa c'è, amore?»

«Non abbiamo ancora parlato ai signori di Henriette!»

«Ah, sì, è vero, Henriette...»

Auguste aggrotta le sopracciglia. Cosa potrebbe intralciare quella firma? Il suo capo si è immobilizzato. Claire si rivolge a entrambi per spiegare.

«Ecco, Henriette è la persona che si è occupata del restauro e dell'arredamento della nostra casa. Credo che vi siate resi conto dello straordinario lavoro che ha svolto. Ha un gusto eccezionale, vero, tesoro?»

D'un tratto Auguste trova fastidiosi tutti quei «tesoro» e «amore»!

Il tesoro in questione dà ragione alla moglie.

«Ed è per questo che vogliamo che collaboriate con lei sul progetto.»

Auguste crede di aver sentito male. «Collaborare in che senso?»

«Lavorare insieme a lei, in squadra, insomma!»

In una frazione di secondo il morale di Auguste precipita. Comincia a metabolizzare la situazione. Henriette... La cliente sta cercando di piazzare una delle sue amiche attempate, di farla lavorare. Vuole mettergli tra i piedi qualcuno che avrà voce in capitolo su tutto, che potrà intromettersi, ostacolare i suoi piani, contestare le sue idee... È una catastrofe!

Ignara di ciò che passa per la testa di Auguste, la cliente

continua con il suo elogio. «È fantastica, le piacerà moltissimo!»

Dalla bocca di Auguste non esce alcun suono. Gérard prende la parola al suo posto.

«È una condizione *sine qua non*?»

Auguste, in un ultimo gesto tanto disperato quanto assurdo, incrocia le dita dietro la schiena per cercare di influenzare il verdetto.

«Sì.»

Gli è appena stata ufficialmente imposta una partner.

3.

Non è mattiniera. Del resto, uno dei suoi grandi piaceri da quando lavora come libera professionista è alzarsi tardi e andare a letto a ore impossibili. Per nulla al mondo tornerebbe in azienda. L'idea di dover andare ogni giorno nello stesso posto e ritrovarsi con le stesse persone le fa venire l'orticaria. Eppure, finiti gli studi, ha tentato: l'esperienza è durata due anni e tre mesi. Un'impresa. Ricorda ancora l'angoscia della domenica sera e l'insonnia inevitabile che ne seguiva. La prospettiva di tornare lì e rimanere inchiodata alla scrivania per otto ore di fila, costretta a mostrarsi a proprio agio davanti ai colleghi... Che orrore! Un open space esposto alle correnti d'aria e agli sguardi, senza possibilità di fuga. Al solo pensiero un brivido spiacevole le percorre la schiena. Per fortuna, da allora la sua vita è decisamente cambiata. Da quando si è messa in proprio respira di nuovo. Può lavorare come vuole, anche in pigiama se le va, e nessuno ha niente da dire! Se passa una brutta nottata, non è più un problema: disattiva la sveglia e recupera dormendo al mattino. Asseconda i suoi ritmi, semplicemente. I risultati sono solo migliorati. Ne ha avuto conferma da poco, con il progetto De Montlhéry. I clienti sono stati entusiasti del suo lavoro! Se conoscessero i suoi piccoli segreti di produzione... Quante volte l'ispirazione per le *mood boards* le è venuta nel bel mezzo della notte, mentre mangiava cucchiaiate di Nutella e ballava come una pazza su ritmi latino-americani!

Claire l'ha chiamata tre giorni fa. Ora che gli interni sono ristrutturati, vuole occuparsi degli esterni e ha pensato di nuovo a lei.

«Ma io non sono un'architetta paesaggista!» ha obiettato Henriette.

Claire però non ha voluto sentire ragioni. Desidera che Henriette collabori con uno studio specializzato. «Deve assolutamente partecipare alla progettazione! Anche se hanno competenze riguardo alle piante, io voglio vedere la sua mano. Lei ha visione e sa come abbinare i materiali.»

Che perla di cliente! Henriette, spinta dalla sua eccessiva onestà, ha sollevato un'ultima obiezione. «Claire, apprezzo molto che lei voglia affidarmi questo nuovo incarico, ma perché andare incontro a ulteriori spese? Sono sicura che gli architetti paesaggisti che avete contattato vi proporranno un progetto molto valido senza bisogno di me.»

«Cara, lei sottovaluta il suo talento! Non si preoccupi del budget. André-Louis mi ha dato carta bianca. Sa come ci tiene a farmi felice: è così spesso in viaggio per lavoro... Allora, è un sì?»

Chiesto così gentilmente...

E, siccome ha detto di sì, eccola in piedi alle sette del mattino, stravolta e immusonita, a versarsi un caffè extraforte. Forse l'ha fatto un po' tropo carico. È imbevibile. Lo manda giù comunque per tentare di dare una scossa ai suoi neuroni apatici. Ha appuntamento allo studio alle nove. A quelli sembra l'ora di discutere di affari? Per svegliarsi non c'è niente di meglio che brontolare e arrabbiarsi. Prova a mangiare qualcosa, ma non riesce a mandare giù nulla. Inutile dare la colpa all'ora antelucana. Sa benissimo che è la strizza che viene a tenerle compagnia, nel caso avesse nostalgia di lei. Non è mai troppo lontana, con la sua valigetta di paure e un ventaglio di sintomi pronti all'uso: gola chiusa, mani sudate, balbettio, tachicardia, bocca secca...

"Non hai nessun altro a cui dare fastidio stamattina?"

No, la strizza ha deciso di restare appiccicata a lei. In bagno, le fa sbagliare il tratto dell'eyeliner. Poi la prende in giro con la pipì nervosa. Si siede sulla tazza due volte in meno di cinque minuti! "Ancora?" le sussurra la strizza.

Sceglie abiti comodi. Non ha proprio voglia di infilarsi un paio di collant o di indossare una gonna che la farebbe sentire a disagio. Dopotutto, l'affare è già concluso, non ha nessuno da convincere.

Il viaggio le sembra lunghissimo. Non riesce a concentrarsi sulla lettura. Lo studio è a Versailles, non vicinissimo a casa sua. Metropolitana con cambio e poi RER. Finalmente arriva all'indirizzo. Non può sbagliare: c'è una bellissima targa sul muro su cui brillano le parole EDEN GARDEN. Gli uffici si trovano al pianoterra. I suoi stivali con la suola spessa non temono selciati irregolari. Nel lavoro sul campo è meglio dimenticare i tacchi da principessa. Rimane per qualche secondo in attesa davanti alla porta.

"Allora, suoni?"

Intima alla strizza di sparire e lasciarla in pace. Sente un *clic*. Qualcuno ha aperto. Entra nella hall. Diverse persone, indaffarate intorno a casse e grossi sacchi, non le prestano la minima attenzione. Un colosso tarchiato sulla cinquantina urla ordini a un giovane dal viso abbronzato e dalla corporatura più esile ma con muscoli sorprendentemente sviluppati.

«Kenzo! Gestisci tu gli operai per fargli portare tutto questo nel furgone?»

«Okay, Tony. Non dimenticarti di chiamare Pelletier per avvisarlo della consegna dei vasi questo pomeriggio.»

«Aspetta un po', ragazzo! Pensi davvero che me lo potrei dimenticare?»

Dall'espressione del giovane, lei capisce che lo pensa eccome. Kenzo trascina via gli altri tre uomini, ed escono tutti. La hall ora è deserta. Con la strizza che la attanaglia, Henriette esita a iniziare l'esplorazione degli uffici alla ricerca di qualcuno con cui parlare. All'improvviso la porta di fronte a lei si apre e un uomo appare sulla soglia. Lo osserva da capo a piedi. Alto. Bella corporatura. Giacca elegante indossata su jeans casual chic scuri. Lineamenti armoniosi. Capelli castani e taglio curato. Un autentico disturbatore dell'ipotalamo femminile. Il cuore di Henriette fa il giro della morte nella cassa toracica. Non si aspettava di trovarsi davanti un simile schianto! Possibile che questa missione, per cui era tanto in apprensione, si prospetti più interessante di quanto pensasse?

Lui la osserva a sua volta. I pantaloni larghi a vita alta, il dolcevita biancastro infilato nella cintura, le grosse scarpe con il carro armato sotto, i capelli castano chiaro tendente al rossiccio legati in fretta, un accenno di eyeliner sull'occhio destro, la pelle lucida perché non ha messo la cipria. Senza lasciarle il tempo di aprire la bocca si avventa verso di lei per trascinarla fuori.

«È molto in ritardo! Gli altri hanno già levato le tende! È fortunata se non sono ancora partiti. Li raggiunga al furgone!»

Henriette cerca di protestare, ma lui ha appena richiuso la porta senza salutarla. Ci mette un minuto a riprendersi, poi ripensa alle sue parole e tutto appare chiaro. L'ha scambiata per una dei giardinieri. Che pessima impressione deve avergli fatto! Bisognerà rimediare. La strizza le si attacca ancora più forte alle gambe mentre con un dito leggermente tremante preme per la seconda volta il pulsante del campanello.

Auguste torna a chiudersi nell'ufficio direzionale, che Gérard gli ha lasciato per la mattinata. Il suo capo aveva un appuntamento importante e gli ha chiesto di accogliere l'architetta di interni imposta da Claire de Montlhéry. Questa situazione lo ha irritato fin dall'inizio e di certo il ritardo della recluta indesiderata non migliora le cose. Sono le 9.20. Non stanno partendo per niente con il piede giusto! Auguste detesta chi non è puntuale e pensa di poter disporre del tempo altrui a suo piacimento. Seccato, è andato alla macchinetta per farsi un altro caffè quando il campanello suona di nuovo. Sobbalza. Forse finalmente è la persona che attendeva. Con un gesto automatico si aggiusta la cravatta e va verso l'ingresso. Apre la porta.

«Ancora lei!»

Il tono non è dei più gentili. Poi si sente un po' in colpa:

non è il massimo sfogare il proprio malumore su quell'aiuto giardiniera, probabilmente pagata una miseria. Non aveva avuto il tempo di guardarla bene in faccia prima, ma ora vede chiaramente gli occhi azzurro piscina che lo fissano con apprensione da dietro una folta frangia. La donna apre la bocca e Auguste si chiede se alla fine stavolta ne uscirà un suono. Il suo evidente nervosismo lo induce a provare un po' di empatia.

«Posso aiutarla?» chiede con voce più dolce.

«Ho... ho appuntamento con il signor Bartholdi...»

«Ah... Non l'ha avvertita? Gérard non c'è stamattina. Vuole lasciargli un messaggio?»

Lei sembra a disagio e non riesce a tener ferme le mani.

«Può dirgli che... è passata Henriette Pétrin?»

«Henriette? Lei è l'architetta d'interni?»

La donna annuisce. Auguste è sbigottito. Si aspettava che avrebbe avuto a che fare con una sessantenne sicura di sé, magari un po' presuntuosa, e invece si trova davanti una ragazzina dall'aspetto spaurito vestita in modo sciatto, che sembra un uccellino appena caduto dal nido... Quanti anni potrà avere? Senza che se ne renda conto, il suo tono torna secco. L'irritazione, di nuovo.

«Capisco. Molto bene. Parlerà con me. Sono Auguste.»

Negli occhi di lei coglie un lampo di stupore misto a una sorta di complicità. Forse sta pensando che entrambi appartengono allo stesso club degli sfortunati con nomi strani? Certo, Auguste è inusuale. Ma Henriette... Che cosa è passato per la testa dei suoi genitori? Chissà quante volte l'avranno presa in giro per l'assonanza con le *rillettes* di maiale... Sarà stata lo zimbello dei suoi compagni di scuola. "Poverina. Ma non la compatire troppo. Ricorda che potrebbe complicarti la vita per tutta la durata di questo incarico!" Auguste si sente comunque tenuto a dimostrare un minimo di cortesia. Le tende la mano in segno di benvenuto. Lei si toglie il guanto di pelle e allunga la sua. Stranamente ha unghie ben curate laccate di rosso che contrastano in modo singolare con il resto del look piuttosto trasandato. Una mano molto bella, calda e morbida, con dita sottili.

«Venga con me!»

Le fa strada fino al suo ufficio. Finalmente il colloquio può iniziare.

4.

Henriette lo segue e nota la targa metallica con la scritta DIREZIONE. Ne deduce che quell'uomo dai modi rudi è il direttore dello studio. Lui si siede dietro l'imponente scrivania e la squadra da capo a piedi. Henriette non riesce a cogliere alcuna espressione sul suo volto: rimane di marmo, impenetrabile, tanto che le verrebbe da chiamarlo gran maestro. È intimidita, ma l'irritazione suscitata da quella ruvida accoglienza le provoca un sussulto di combattività. Vuole puntare fin da subito sul suo asso nella manica: la creatività. Magari le sue idee ben argomentate saranno in grado di smuovere il tizio impassibile che le siede di fronte.

«Conosco abbastanza bene i De Montlhéry. Se riusciamo a conquistare Claire, la partita è vinta. Suo marito le offre questo giardino prima di tutto per farle piacere. È lei che dobbiamo convincere.»

Henriette, ancora in piedi, ha appoggiato le mani sulla scrivania per darsi un contegno e cerca di assumere il tono più deciso che può, scacciando il turbamento che le causa il suo interlocutore.

«Se vogliamo che il progetto abbia successo, dobbiamo farla sognare! Proponiamole piante rare, divertenti, audaci, sorprendenti, sul tema di un paradiso verde in stile Rio!»

Auguste si schiarisce la voce. Ha le sue stesse idee. Come farà a distinguersi agli occhi di Gérard, se quella ragazza arrivata dal nulla saprà essere persuasiva quanto lui? Si irrigidisce sulla grande poltrona, seccato nel sentirsi minacciato. È deciso a tenerle testa, costi quel che costi: non la lascerà sconfinare nel suo territorio così facilmente! E se la relegasse a qualche compito spiacevole per estrometterla dalla parte interessante della progettazione?

«Iniziamo dalle cose pratiche. Vorrei innanzitutto che lei si occupasse della documentazione catastale. Confronti tutti i dati forniti dai clienti con quelli depositati in comune.»

Vede un lampo di rabbia attraversare gli occhi azzurri della donna. Mica è scema. Pazienza, non ha altra scelta. Anche se non va certo fiero del suo approccio, deve farle capire che manterrà lui la direzione del progetto. Continua su quella linea.

«La cosa più importante è la precisione, fino all'ultimo millimetro. Non possiamo permetterci di pensare ai fronzoli prima di aver gettato basi solide per il progetto. Questo in genere è il difetto dei decoratori d'interni...»

Henriette, offesa, si sforza di mantenere la calma. Che individuo odioso! Come se lei non conoscesse le fasi del lavoro! Quel tono perentorio la indispone al massimo grado.

«Le ricordo che sono un'architetta d'interni!» dice per mettere i puntini sulle i.

«E decoratrice.»

«Sì, ma...»

Prima che possa concludere due uomini irrompono nell'ufficio senza bussare. Li riconosce. Sono gli stessi che ha visto poco prima. Auguste si alza e va verso di loro.

«Già qui? Che cosa succede?»

Il ragazzo snello prende la parola. «Ti abbiamo cercato. Avresti potuto dirlo che oggi ti saresti piazzato nell'ufficio di Gérard!»

Henriette capta l'informazione e aggrotta le sopracciglia. Quindi Auguste non è il direttore? Ce l'ha con lui per non averlo chiarito e si rimprovera di essersi lasciata impressionare per nulla.

«Sì, non c'erano alternative, è più pratico per ricevere...»

Con un gesto scortese indica Henriette, come se si trattasse di un pacco ingombrante. I due tizi le lanciano un'occhiata furtiva.

«Allora, che cosa succede?» chiede di nuovo Auguste.

«Abbiamo un problema sul cantiere di rue Soufflot. I vasi

di *Trachelospermum jasminoides* sono arrivati rotti. Abbiamo dovuto annullare l'installazione di stamattina. Il cliente era furioso.»

«Un casino!» rincara il collega, senza giri di parole.

Formano una bella coppia quei due, sembrano Stanlio e Ollio.

«Bene, chiamerò il fornitore e l'assicurazione. Lo aggiungo alla lista delle cose da fare oggi.» Auguste sospira.

I due si voltano di nuovo verso Henriette. Aspettano spiegazioni. Auguste si risolve a fare le presentazioni, senza nascondere la sua contrarietà e il crescente malumore.

«Lei è Henriette, l'architetta d'interni dei De Montlhéry che lavorerà con me alla progettazione del loro giardino.»

Ollio le si avvicina e tende una grossa mano callosa, che Henriette stringe con forza per ostentare una sicurezza che è ben lungi dal provare.

«Tony. Sono il caposquadra. Lei qui è la benvenuta, a patto che non abbia paura di rimboccarsi le maniche e mettere le mani nella terra quando ce n'è bisogno!»

Il messaggio è chiaro, Henriette ha capito l'antifona. Dovrebbe forse accennare al suo terrore irrazionale dei vermi e di ogni insetto che brulica nel terreno? No. Decide di non tirarsi subito la zappa sui piedi e di tacere quella piccola fobia, una delle ragioni per cui non è diventata architetta paesaggista. Anche perché Tony non sembra uno dal cuore tenero e sarebbe sorpresa se provasse la minima comprensione per quel genere di debolezze.

«Potete contare su di me! Sempre in prima linea quando si tratta di dare una mano!»

La risposta sembra piacergli. È il turno di Stanlio, il più piccolo, che si presenta.

«Piacere, Kenzo. Sono giardiniere, ma faccio anche da intermediario fra i progettisti e i ragazzi sul campo. Se ha qualche domanda, può venire da me.»

Auguste si avvicina a Kenzo per dargli una pacca amichevole sulla schiena.

«Non si lasci ingannare dalla sua giovane età! Anche se ha solo ventiquattro anni, Kenzo è un grande professionista. Ha un'esperienza decennale alle spalle e una formazione specialistica. Sul campo, spesso è lui che ci insegna delle cose. Vero, Tony?»

«Verissimo! Auguste, pranzi con noi dopo? Sarebbe meglio sul presto, a mezzogiorno... Io sono sveglio dalle sei!»

«Non credo, Tony. Con tutti questi imprevisti, non avrò tempo.»

Il giovane Kenzo si irrigidisce impercettibilmente. Si sta chiedendo che cosa possa significare «imprevisti».

«Okay, ragazzi, ci vediamo dopo. Devo finire con la signorina...»

I due fanno un cenno con la testa a Henriette e se ne vanno. Lei non vede l'ora di chiudere la faccenda. Davvero, niente è andato come avrebbe voluto. Prima il malinteso sul suo ruolo e poi il momento imbarazzante in cui ha dovuto dire il suo nome. Henriette. Era stata lì lì per presentarsi come Alice. Ma quello è il lavoro, non la vita privata, e non può permetterselo. Perché i suoi genitori avevano scelto un nome così assurdo? Perché erano appassionati di pittura e in particolare di Henri Matisse. Si aspettavano di avere un maschio e invece era arrivata lei. Così, suo malgrado, era diventata un Henri con le treccine. Una Henriette. Va detto che anche il suo interlocutore in fatto di nomi non scherza. Auguste! Ora trova che gli calzi a pennello. Quell'uomo le sembra freddo e altezzoso come la statua di un imperatore. Non privo di fascino, però, riconosce a malincuore.

Eccoli di nuovo soli. Secondo round. Lui cerca ancora una volta di prendere le redini della situazione.

«Penso che abbiamo stabilito delle basi chiare. Quello che mi interessa è che lei possa sottoporre una buona *mood board* alla cliente al prossimo appuntamento. Per quanto riguarda il mobilio, ovvio. Immagino che lei non si intenda di piante.»

Henriette quasi si strozza e si rende conto con stizza che quelle parole offensive l'hanno fatta arrossire. Odia l'aria soddisfatta che lui ha assunto, tipica di chi è convinto di avere maggiori competenze per portare a termine un progetto così impegnativo. Non capisce perché si ostini a creare un clima di competizione. Le sembra assurdo. Ma bisogna vedere il lato positivo: l'ha punta sul vivo, e ora ha voglia di difendersi come si deve.

«Va bene», acconsente. «Mi occuperò della *mood board* per il mobilio esterno e lei di quella per le piante. Ma è escluso che non lavoriamo insieme alla progettazione!»

Si sfidano con lo sguardo. Lei non batte ciglio. Lui ne è sorpreso. Braccio di ferro con gli occhi. Lo sa, Henriette ha in mano una carta vincente: Claire, la cliente, sarebbe molto scontenta se scoprisse che la sua architetta preferita non ha partecipato alla creazione degli spazi esterni.

Auguste non ha altra scelta. Dovrà collaborare con lei.

5.

Non riesce a credere di essersi appena imposta in quel modo. Di solito è piuttosto riservata, evita di mettersi in mostra. La paura di disturbare è un retaggio della sua infanzia. Ha sentito così spesso la madre lamentarsi con gli amici di quanto nei primi tre anni lei fosse stata una bambina difficile, che piangeva in continuazione... Deplorava i tormenti della maternità, poi buttava lì la sua battuta preferita: «Iuscondoms!». Henriette ne ha capito il senso solo da adolescente: *use condoms*. Lei e sua madre non dovevano avere lo stesso senso dell'umorismo. Questo le ha lasciato una ferita profonda, l'impressione di non essere stata veramente desiderata. Appena possibile sua madre aveva ricominciato a lavorare, preferendo sottrarsi ai doveri della maternità, che trovava noiosissimi. Delegava alla grande a tate e ragazze alla pari. Poi, quando aveva ottenuto una promozione, si era messa a viaggiare molto, lasciando spesso Henriette con il padre, un uomo poco loquace e scarsamente empatico, che voleva soltanto starsene in pace. Un'esigenza incompatibile con il bisogno di giocare ed esprimersi di una bambina. Henriette non ama rievocare tutto ciò! L'unica cosa a cui riesce a pensare è tornare a casa, nel suo rifugio, nella sua bolla, da sola e al sicuro.

Finalmente apre la porta del suo appartamento con un sospiro di soddisfazione. Posa la borsa e il cappotto, ma non si è ancora liberata delle forti emozioni. Ora che ha tenuto testa a Auguste, dovrà dimostrarsi all'altezza. Hanno concordato di iniziare a lavorare ciascuno sulle proprie idee di layout del parco, per poi presentare i rispettivi progetti a Gérard, il direttore di Eden Garden. Al semplice pensiero di dover fare un bel discorso convincente per dimostrare il suo valore le si secca la bocca. Già da piccola poteva contare su un attacco di tachicardia ogni volta che veniva chiamata alla lavagna. Ricorda con precisione le sensazioni che provava: le mani sudate, il cuore che batteva all'impazzata, la voglia di scomparire davanti a tutti quegli occhi puntati su di lei, la certezza che tra i suoi compagni alcuni stavano aspettando solo che commettesse un errore per deriderla, per guadagnare qualche punto di popolarità. Un giorno, quando era ancora alle elementari, era successa una cosa terribile. La maestra l'aveva chiamata alla lavagna e, mentre si dirigeva verso la pedana rialzata, Henriette si era stupita di vedere un rigonfiamento strano sotto i pantaloni all'altezza del ginocchio. Impossibile fermarsi per controllare. Non appena si era messa a cancellare le scritte, come le aveva chiesto l'insegnante, era accaduto il peggio: sulla sua scarpa erano scivolate le mutande del giorno prima, evidentemente rimaste incastrate nei pantaloni. Quel momento le aveva lasciato un segno indelebile. L'ilarità generale, l'imbarazzo della maestra, che pure non era riuscita a trattenere un sorriso, la vergogna incastonata in lei per sempre.

Oggi non ha più otto anni. Cerca di convincersi a superare tutte quelle vecchie paure. "Sei cambiata. Non pensarci più. E poi non devi mica presentare il progetto adesso! Comincia dall'inizio, mettiti all'opera!"

Sì, il lavoro spesso la salva. Ama soprattutto dedicarsi ai progetti con tranquillità, nel suo ambiente preferito, al riparo dagli sguardi e dal giudizio altrui. La sua ipersensibilità la rende inevitabilmente più vulnerabile alle critiche. Per questo ha dovuto escogitare dei modi per proteggersi, in particolare nella fase di lancio di un progetto, quando è così importante preservare i germogli di idee da eventuali osservazioni castranti. Se l'impulso iniziale viene interrotto, è quasi impossibile riprendere! Si versa una grande tazza di caffè. Non ha fame, l'adrenalina le ha tolto l'appetito. Non vede l'ora di cominciare, perché sa che poi le sue paure si placheranno. Ha già qualcosa in mente, ma le serve più materiale d'ispirazione. Così tira fuori dalla libreria la sua collezione di «AD Magazine», una delle migliori riviste di architettura e design. Ne sfoglia i numeri, li sparpaglia sul tavolino e per terra. Ha bisogno di quel disordine visivo per costruire il progetto nella sua testa. Prende il quaderno e inizia ad abbozzare degli schizzi. Anche se ormai si fa quasi tutto a computer, non può rinunciare alla carta e a quella relazione intima tra mano e cervello per partorire idee. E forse è meglio così. Non è una macchina da guerra su AutoCAD. Quello lo lascia ai genietti dell'accademia di Penninghen, i suoi ex compagni di studi in architettura d'interni. Non è mai stata molto brava a scuola. E nemmeno all'università, di cui ha un ricordo... faticoso. Le lezioni la annoiavano. Le piace lavorare d'istinto, imparare sul campo, soprattutto sperimentare. Alla fine, la sua gavetta è consistita in alcuni interventi su ristoranti a Saint-Tropez e in diverse altre località turistiche, di cui ha ripensato il concept dal pavimento al soffitto. Ha avuto la fortuna di incontrare persone disposte ad accordarle la loro fiducia senza dare eccessivo peso ai risultati accademici, e la libertà d'azione che le è stata concessa ha liberato qualcosa dentro di lei, le ha fatto riscoprire il piacere di imparare in altri modi e ha rafforzato la sua autostima. Abbastanza perché tornasse a Parigi e si mettesse a lavorare come freelance. Le andava bene così. Più di ogni altra cosa, non voleva sentirsi rinchiusa in una scatola. Non sopportava l'idea di essere bloccata tutti i giorni nello stesso posto alle dipendenze di persone incapaci di capirla.

Beve un sorso di caffè. Ormai è freddo. La matita si muove a tutta velocità sul foglio del blocco. Strappa le pagine a mano a mano che si riempiono di schizzi. Per ora accoglie tutto ciò che viene senza cercare di frenarsi o criticare. Il momento della selezione e dell'analisi arriverà. Le sembra di giocare con i Lego. È molto divertente cercare un posto per ogni elemento, disporli a uno a uno con intelligenza, costruire un piccolo mondo pratico, confortevole e rigenerante. Sarà anche ignorante in fatto di piante, ma di materiali si intende parecchio. E per quanto riguarda l'estetica, è imbattibile nel combinare diverse texture. Il segreto è «nutrire l'occhio», come le piace dire. Così passa un sacco di tempo su Pinterest e Instagram. Sono vere e proprie miniere d'oro per raccogliere immagini. Su Instagram segue persone che la ispirano, influencer, gente presso cui ha fatto degli stage, vecchi compagni di scuola, rigattieri...

La settimana successiva si immerge ancora di più nelle ricerche. Praticamente non esce di casa. Internet è uno strumento straordinario: ormai è diventato quasi inutile andare in biblioteca, tanto è immensa la fonte di informazioni sul web. Una tecnica creativa che usa è il googlestorming. In altre parole, cerca idee tramite il famoso motore di ricerca. È così che è incappata nei giardini del Palácio Capanema, un vero punto di riferimento dell'architettura contemporanea in Brasile. Resta ammirata dell'opera paesaggistica di Roberto Burle Marx, che tratta le forme organiche libere del giardino come pittura astratta.

Si abbevera alla sua opera, di cui fa parte anche il parco Aterro do Flamengo. Lì, lui ha introdotto alberi della foresta amazzonica e specie a fioritura stagionale per garantire fiori tutto l'anno.

E quel prato con due tipi di erba? Le piace da matti. È affascinata dal modo in cui l'artista usa erbe di tonalità diverse per intrecciare le curve e richiamare il moto delle onde...

Immagina Claire e André-Louis crogiolarsi in un giardino botanico ispirato a Rio, con centinaia di specie rare. Immagina un carnevale di colori e forme eccentriche!

Alla fine, le viene un'idea folle: inserire un lago che ricordi la baia di Guanabara!

All'ottavo giorno di intenso lavoro, è fatta, ha il progetto. L'intero giardino dei De Montlhéry è nella sua mente! Sono le due del mattino. Gli occhi le bruciano, le palpebre si chiudono. Si sdraia un attimo in mezzo alle carte e in un battito di ciglia cade in un sonno profondo.

6.

Auguste arriva presto in studio. Vuole avere il tempo di rivedere la sua presentazione prima della riunione delle dieci. Ci ha lavorato molto, più che su qualsiasi altro progetto. Ha tutte le ragioni per essere fiducioso. Gli sono venute delle buone idee. Ha curato il documento, inserendo animazioni in ogni slide di PowerPoint. Dovrebbe fare bella figura davanti a Gérard. O almeno così spera. Allora perché sente questo sgradevole groviglio di apprensione, questa pressione sul petto? Non può essere Henriette a preoccuparlo, vero? Quella piccola donna che sembra un'adolescente e ha un curriculum vitae lungo a malapena tre righe. Si chiede che cosa proporrà. Invaderà il suo spazio, insinuandosi nel suo territorio? Lo metterà in ombra davanti al capo? "Poco probabile", cerca di rassicurarsi. Riguarda per l'ennesima volta le pagine in cui ha esposto le sue scelte paesaggistiche per verificare che non manchi nulla. Potrebbe aver tralasciato un dettaglio, una didascalia o un prezzo. Ogni elemento conta. Conclusa la verifica trasporta il materiale in sala riunioni. Vuole assicurarsi che la connessione e il proiettore funzionino. Non c'è niente di peggio che incappare in un problema tecnico proprio nel momento in cui si avvia una presentazione! Non può permettere che accada. Fa un paio di prove con il telecomando. Sembra che sia tutto a posto. Guarda l'ora. Il tempo è volato. Sente rumori nel corridoio. Probabilmente gli altri stanno arrivando. Gérard infila la testa nella stanza e gli lancia un caloroso buongiorno. Più Auguste lo conosce, più lo stima.

È come se incarnasse la figura paterna positiva che tanto gli è mancata.

«Come va, Auguste? Vedo che è tutto pronto! Perfetto. Mi dai cinque minuti? Mi faccio un caffè. Ah, ecco la signorina. Buongiorno, Henriette!»

«Buongiorno. Piacere di conoscerla.»

«Sono Gérard. E, se è d'accordo, diamoci del tu. Qui si usa così, giusto, Auguste?»

Henriette fa i complimenti a Gérard per la sua attività. Auguste è infastidito dai convenevoli, ma poi si dice che quella disposizione d'animo negativa non gli fa onore. "Su, sforzati di essere gentile! Dopotutto, questa ragazza non ti ha fatto niente..."

«Buongiorno, Henriette. Entra, accomodati.»

Nota il grosso zaino più la borsa a tracolla. "Ma cosa potrà mai tenerci, là dentro?" si domanda. Lei inizia a tirare fuori tutta l'attrezzatura: un computer portatile, cavi, dei bei libri di architettura, qualche rivista e un blocco da disegno. "Non avrà mica fatto degli schizzi..." D'un tratto Auguste si ritrova a dubitare che la sua presentazione sia all'altezza. "Che mi sta succedendo?" Si scusa con Henriette e Gérard, che l'ha appena raggiunta con il suo espresso, e adducendo il pretesto di un documento dimenticato va a darsi una rinfrescata in bagno. L'ansia gli annebbia la vista. "Porca miseria! Devo calmarmi!" Non avrebbe dovuto prendere un secondo caffè. Gli tremano le mani. E se Henriette e Gérard se ne accorgessero, cosa penserebbero? Lei probabilmente godrebbe nel vederlo in difficoltà. Gérard aggrotterebbe le sopracciglia con un'espressione di sorpresa mista a delusione, e questo lui non lo sopporterebbe. Auguste apre la cerniera sopra l'orinatoio. Stranamente, il contatto con il suo pene lo rassicura.

«Andrà tutto bene, Maverick», sussurra.

«Con chi parli?»

Kenzo è appena entrato in bagno e si dirige verso il secondo orinatoio, ignaro del colpo al cuore che ha appena inflitto al collega.

«Chi, io? Con nessuno!»

Kenzo inizia a orinare mentre gli sorride in un modo che gli sembra beffardo. Adesso Auguste ha centottanta battiti al minuto. "E piantala! Non può aver sentito! Ti stai facendo un sacco di paranoie..." Considerato che si era allontanato per calmarsi, il risultato è un fallimento. Tira su la cerniera e, nella fretta, un lembo della camicia resta incastrato. Impreca. Nella mente gli passa l'immagine imbarazzante di lui mentre fa la presentazione con quel pezzo di tessuto che gli sbuca dai pantaloni. È come quando hai una foglia di insalata fra i denti, ma molto peggio.

«Vuoi che ti aiuti?» si offre gentilmente Kenzo.

"Ci mancherebbe solo questo!" pensa Auguste. Per fortuna, riesce a sbloccare la cerniera e scappa fuori dal bagno maledicendo il mondo intero e soprattutto sé stesso. "Che razza di idiota!" Quando rientra nella sala riunioni, è consapevole di essere nella peggiore delle condizioni.

Henriette gli rivolge uno sguardo penetrante. Riesce a vedergli dentro, a indovinare le sue ansie? Sarebbe spiacevole. Per fortuna, ha imparato a schermare le emozioni. La procedura richiede un po' di allenamento. L'obiettivo è non lasciar trapelare nulla. Si sofferma sul raro tono di azzurro degli occhi di Henriette. Lei, imbarazzata, china la testa e si mette a fissare ostinatamente le proprie mani. Porta i pantaloni, ma oggi si è presa la briga di indossare una camicia a motivi floreali sotto un maglione colorato aderente. Dunque, ha il seno. Auguste si rende conto che l'osservazione è del tutto fuori luogo. Benedice il cielo che gli esseri umani non possano leggere nel pensiero. Tra sé e sé si rimprovera, poi si esorta a concentrarsi.

Gérard apre la riunione e ricorda le sfide di quell'incarico, nel caso non fossero già abbastanza palesi. «Sorprendetemi!» conclude, giusto per mettere in chiaro le sue aspettative.

L'atmosfera è elettrica. Auguste si butta per primo. L'eccitazione dissolve quasi all'istante la paura. Ne è sorpreso lui stesso. La sua presentazione impressiona Henriette. Sembra così a suo agio! Sorride quando serve, fa una pausa al momento più opportuno. E, soprattutto, la colpiscono molto la creatività e l'ingegnosità delle sue scelte.

«Certo, non può esserci atmosfera Rio senza *Livistona chinensis.* Le palme sono indispensabili!» proclama con un fastidioso tono da esperto. Poi si rivolge a Henriette. «Ma cosa ne pensi della *Cycas revoluta*?»

Si aspetta di vederla esitare, cosa che puntualmente accade. Prosegue senza attendere una risposta. Il suo obiettivo è semplicemente quello di ribadire a Gérard che lì lo specialista è lui.

«La *Cycas revoluta* è una pianta primitiva, quasi preistorica, dal fogliame perenne. Assomiglia a una palma, e anche a una felce arborea, ma possiede un altro tipo di esotismo... Henriette, sai cos'è una pianta a fogliame perenne?»

"Ma per chi mi prende?" si arrabbia lei in silenzio. «Sì, è una pianta che conserva il suo fogliame per tutto l'anno.»

Be', ovvio che lo sappia. Auguste tira fuori la sua artiglieria pesante di expertise vegetale per vestire i giardini dei De Montlhéry. Non è più Rio, è Versailles. Una miriade di felci arbustive, *Lagerstroemia,* agapanto, albizia, *Armeria maritima,* cordilinea, yucca, bambù, *Gunnera manicata,* gelsomini, emerocallidi e passiflora... una ricchezza di colori e forme che danno al suo progetto un'audace eccentricità. Gli occhi di Gérard brillano. È soddisfatto. Auguste si rimette seduto. Il suo corpo è ancora irrequieto per l'ansia della presentazione, il diaframma si sblocca immediatamente.

Henriette sa che è arrivato il suo turno. Si alza. "Meglio in piedi. È più dinamico", si dice. Peccato che si senta le gambe di pasta frolla. Si appoggia con discrezione al tavolo per darsi un contegno. È il momento di attingere alle sue risorse più profonde. All'inizio il tono è un po' incerto e monotono. Avverte di non avere completamente l'attenzione dell'uditorio. "No, per favore! Niente sindrome da studente alla lavagna!" Il rischio è quello. Che le idee si ingolfino nella testa e non escano più in modo intelligibile dalla bocca. Nei momenti di grande stress somiglia a un pesce spiaggiato che agonizza fuori dall'acqua. "Devo rimettermi in carreggiata!" Decide di aggrapparsi agli schizzi, li sparpaglia sul tavolo e aspetta una reazione.

«È notevole!» si entusiasma Gérard. «I tuoi disegni sono magnifici. Hai un vero talento per l'acquerello. Penso che piaceranno molto ai clienti. È qualcosa di diverso dalle solite *mood boards* fotografiche e dalle simulazioni 3D su Lumion, vero, Auguste?»

Auguste si vede costretto a concordare. Quei complimenti danno una grande spinta a Henriette, che approfitta dello slancio per esporre i suoi argomenti, come se fosse riuscita ad afferrare un'idea e avesse deciso di cavalcarla. Qualche istante dopo Gérard si congratula con lei sia per il contenuto sia per la forma.

«Non so dove tu abbia trovato tutto questo. Molto originale il concetto di "pittura paesaggistica". Usare le piante come i colori di una tavolozza, mi piace! E l'idea dell'erba di diverse nuance per disegnare le onde è grandiosa! Lo stesso vale per il lago che richiama la baia di Guanabara. Ottimo lavoro, Henriette.»

Lei diventa rossa come un pomodoro maturo, mentre Auguste impallidisce.

«Sì, brava, Henriette. Idee molto belle, un po' stravaganti ma affascinanti», le concede a denti stretti.

Nel frattempo sta riflettendo a tutta velocità per trovare il modo di contrastare la sua avversaria.

«Però hai ipotizzato una stima dei costi? Le tue proposte rientreranno nel budget?»

Gérard approva il suo intervento. Sottolinea l'importanza di non sforare il budget stabilito, che è già considerevole. Pareggio, palla al centro.

«Non so ancora dirlo con precisione.»

Henriette torna ad arrossire, imbarazzata e furiosa per la nuova stoccata di Auguste. Gérard prende la parola.

«Entrambi i progetti contengono spunti interessanti. Forse ora sarebbe opportuno mescolare le vostre idee, no?» esclama con entusiasmo, del tutto inconsapevole del disagio che provoca nei suoi interlocutori. «Lavorate insieme! Credo che abbiate molto da offrirvi l'un l'altra. Siete complementari. Claire de Montlhéry ha visto giusto nel consigliare questa collaborazione.»

Per lui la faccenda è già risolta. Auguste e Henriette non devono far altro che incontrarsi in ufficio per mettere a punto un progetto comune.

«Quindici giorni dovrebbero bastare, giusto?»

Gérard fa le domande e si risponde da solo. Fisserà un appuntamento con i De Montlhéry per presentare il loro progetto di sistemazione del giardino. A sentir lui, è già tutto pronto. La riunione è sciolta. Subito dopo esce per andare a un altro appuntamento e li lascia lì, l'uno di fronte all'altra. Auguste cerca di nascondere la sua irritazione e Henriette lo stress crescente. Lui si dice che, difficoltà per difficoltà, tanto vale comportarsi da professionista e mettere da parte le emozioni.

«Bene, come ci organizziamo?»

La sua voce fredda e pragmatica ha appena definito il tono della loro collaborazione.

7.

Henriette fatica ad accettarlo, ma dovrà andare ogni giorno da Eden Garden. Lavorare fianco a fianco con Auguste. Se glielo avessero prospettato quando si erano appena conosciuti e lo aveva trovato così affascinante, sicuramente sarebbe impazzita di gioia. Ma questo era prima del loro memorabile colloquio. Anche se, detto fuori dai denti, Auguste è un figo da paura. Be', a quanto pare non basta. Le sue antenne di persona ipersensibile non sbagliano: ce l'ha con lei. Si chiede perché. Ci pensa a lungo ma non capisce proprio come potrebbe rappresentare un pericolo per lui. È un po' come se le avesse rubato il ruolo, perché di solito è Henriette a vedere il mondo come una minaccia. Riesce a trasformare anche i più piccoli problemi in vere e proprie questioni di stato. Capita che le persone «normali» si perdano in un bicchier d'acqua, ma lei ha collezionato così tanti bicchieri da riempire una piscina! Stamattina, mentre aspetta sul marciapiede della RER, è assalita dai suoi strani timori che riemergono soprattutto quando è nervosa. È il suo primo giorno da Eden Garden come collaboratrice ufficiale di Auguste. L'idea di un lungo tête-à-tête con lui la mette in agitazione. La preoccupano la promiscuità, la pressione della sfida, il desiderio di essere all'altezza e, ciliegina sulla torta, il turbamento fisico che lui le provoca... Peccato che non abbia scelta. Per lealtà nei confronti di Claire de Montlhéry non può tirarsi indietro. Quella donna ha creduto in lei e le ha dato un'opportunità inaspettata. Chi altro avrebbe affidato l'intero progetto di interior design della propria casa a un'architetta all'inizio della carriera? Inoltre

Claire ha corso il rischio di raccomandarla a uno studio prestigioso come Eden Garden. Ora Henriette non può deluderla. Anche l'aspetto finanziario non è trascurabile. Non capita tutti i giorni di lavorare a un progetto di quella portata, e l'onorario che le è stato proposto potrebbe permetterle di mantenersi per diversi mesi mentre consolida la sua attività di libera professionista, ancora precaria. Sotto ogni aspetto, il progetto De Montlhéry è una manna dal cielo. Henriette deve dare il meglio di sé stessa. Tuttavia, nonostante la sua buona volontà, il percorso si annuncia irto di ostacoli. Non pensava che nel suo ambiente di lavoro sarebbe incappata in un collega scaltro e mal disposto, con un temperamento che esaspera le sue fragilità.

Teme di sembrare ancora più impacciata del solito. Ma, dopotutto, che importa? Con i suoi dubbi e la sua mancanza di autostima, non farebbe colpo in ogni caso. È convinta che nessun uomo potrebbe interessarsi a lei una volta scoperte le sue paure e le sue stranezze. All'inizio di una relazione riesce a nasconderle ma, a mano a mano che si crea maggior intimità, farlo diventa sempre più difficile. Immagina la vergogna che proverebbe se qualcuno come Auguste conoscesse quei lati inconfessabili di lei. Per esempio, l'irragionevole terrore di cadere o di essere spinta sui binari della metropolitana, che la costringe a stare molto lontana dal bordo. Difficile ammetterlo! Henriette salta rapidamente sul treno un attimo prima che le porte si chiudano dietro di lei. Il vagone è affollato. Lotta contro il senso di soffocamento. Cerca di pensare ad altro e torna a riflettere sulla sua instabilità emotiva, di certo correlata ai rapporti problematici con la madre. Altri microtraumi nell'infanzia devono poi aver contribuito a minare la sua autostima. Un accumulo di esperienze infelici, di piccole ferite narcisistiche, di graffi all'ego che ha lentamente intaccato la sua fiducia in sé stessa. Guarda i volti impassibili della gente che la circonda e sembra sopportare così bene il disagio e il senso di claustrofobia. Ha l'impressione di essere permeabile alla paura. Inizia a rimuginare sulla sua «paurosità». Ha coniato quella parola un giorno mentre stava guidando. Era bloccata nel traffico da oltre un'ora e una pioggia torrenziale picchiava sulla carrozzeria. Quel rumore per le sue orecchie sensibili era come il frastuono delle pentole metalliche sbattute contro le sbarre delle celle dai detenuti. La sensazione di essere rinchiusa l'aveva sopraffatta, causandole un attacco di panico senza precedenti. Era stata costretta a inchiodare. Dopo aver inserito le quattro frecce, aveva reclinato il sedile e si era messa a piangere tutte le lacrime che aveva in corpo. La gente suonava furiosamente il clacson prima di sorpassarla. Un automobilista aveva abbassato il finestrino per gridarle di parcheggiare sulla corsia di emergenza e smetterla di rompere le scatole al mondo intero. Quel giorno, per la paura di rimanere bloccata in una situazione insopportabile senza una via di fuga, un senso di profonda vulnerabilità si era radicato in lei. Da allora non è più stata serena. La preoccupa il pensiero di non riuscire a far fronte a ciò che potrebbe accadere. Vive costantemente con i nervi a fior di pelle.

Alcuni nascono con un'armatura. Gli eventi spiacevoli sembrano non toccarli. Le conseguenze negative gli scivolano addosso senza penetrare nel loro sistema. Henriette, invece, ha coniato il termine «paurosità» perché ha l'impressione che le paure filtrino con facilità dai pori della sua pelle e finiscano per andare vorticosamente in circolo, come canoe impazzite in un torrente, fino a invadere cuore e cervello.

Quando esce dal vagone e da quella morsa umana, esala un enorme sospiro di sollievo. Risalire all'aria aperta le fa bene. Arriva con passo veloce allo studio di progettazione. Il tragitto sui mezzi pubblici le ha tolto energia. Ha bisogno di zuccheri. Si apparta in un angolo per mangiare il *pain au chocolat* che ha comprato lungo il tragitto, accompagnato da un caffè del distributore automatico. Ha sempre in borsa un portacipria con uno specchietto per controllare di non avere briciole a un angolo della bocca o, peggio ancora, sui denti. Mentre sta verificando compare Auguste. Davvero imbarazzante. Henriette chiude bruscamente il portacipria e si lancia in qualche chiacchiera formale. Lui non sembra lasciarsi ingannare dalla sua affabilità forzata. Meglio mettersi al lavoro. Ha assunto il controllo. Non c'è stato dibattito. I giorni scorsi hanno già ridisegnato insieme tutte le piante su AutoCAD, riportando le misure con precisione millimetrica. Il passo successivo è chiaro: devono mettersi d'accordo sulle idee per realizzare una rappresentazione tridimensionale del futuro parco dei De Montlhéry. Henriette si aspettava un braccio di ferro su ogni dettaglio. E non sbagliava. Auguste difende a spada tratta le sue ambiziose proposte, e alcuni degli alberi che ha scelto hanno dimensioni monumentali. Sarebbe impossibile costruire un lago, come invece suggeriva Henriette. Ognuno espone le proprie argomentazioni. Henriette si dice che in quel modo non ne usciranno più!

«Fidati di me! Conosco bene Claire e sono sicura che un laghetto le piacerà tantissimo. Mi ha anche detto che ama molto i pesci d'acqua dolce... Potremmo tranquillamente piantare gli alberi più grandi in questo angolo del giardino, creando una gradevole zona d'ombra, non credi?»

Auguste riflette. Lei osserva la sua fronte corrugata. Odia il silenzio che si instaura tra loro. E poi... orrore! Henriette sente il suo stomaco gorgogliare. È in fase di digestione. Inoltre ha bevuto troppo caffè. Un grave sbaglio! Il suo corpo si contrae, stressato dal contatto ravvicinato con quell'uomo con il quale vuole fare bella figura. Contrae lo sfintere con tutte le forze. Non osa immaginare l'angoscia che le procurerebbe un rumore inopportuno in quel silenzio che si sta prolungando e diventa opprimente. Si raschia la gola. Grazie a Dio, Auguste alla fine si pronuncia.

«Va bene, d'accordo. Ti concedo il lago. Ma sappi che, se a lei non piace, non esiterò a dire che è stata un'idea tua!»

«Troppo gentile. Non avresti dovuto seguire i corsi della scuola di architettura di Versailles, ma quelli di Nadine de Rothschild!»

«Chi?»

«Nadine de Rothschild, la baronessa. Dà ottimi consigli su galateo ed eleganza ai signori come te.»

Auguste fa ruotare la poltrona ergonomica per girarsi verso di lei. Punta i suoi occhi un po' troppo luminosi in quelli di Henriette. «E chi sarebbero i signori come me?»

«Quelli che hanno bisogno che si smetta di lisciargli il pelo!»

Henriette non distoglie lo sguardo, sorpresa dalla sua stessa insolenza. Cala di nuovo il silenzio. Si arrabbierà? A sorpresa, d'un tratto lui scoppia a ridere. L'atmosfera finalmente si alleggerisce.

«Non l'avrei mai detto...»

«Che cosa?»

«No, niente...»

Auguste non si aspettava la battuta, e quel carattere un po' pungente non gli dispiace affatto.

Lei è sollevata dalla sua reazione. In fondo non è suscettibile come pensava. Meglio così! Se la tensione tra loro potesse abbassarsi di un po', sarebbe più facile portare a termine quel dannato progetto faraonico!

Auguste sbircia Henriette di nascosto. Si sorprende ad apprezzare quel suo lato impertinente. Per il poco che la conosce, sembrerebbe un tipo piuttosto riservato. Ma tra le crepe della timidezza si intuisce un temperamento molto meno remissivo. Anche se a volte lo guarda con occhi da cerbiatta spaventata, come se avesse paura di lui. È consapevole di essere stato duro fin dall'inizio e se ne rammarica... almeno un po'. Soprattutto perché, a essere onesti, è rimasto abbastanza impressionato dalle competenze che ha nonostante la sua giovane età. Non glielo direbbe mai, ma trova che sia creativa e che possa apportare al progetto innovazione e freschezza. Personalmente, poi, alla fin fine per lui è positivo avere qualcuno che lo metta alla prova. In qualche modo sono stati capaci di sposare le rispettive idee, fondendo le loro due linee. Il risultato sta prendendo forma. Henriette è perfino riuscita a correggere alcune cattive abitudini di lavoro di Auguste. Tanto rigore e professionalità in una ragazza lo stupiscono. E lo irritano, naturalmente. Ogni volta che si sente colto in fallo, in lui si risveglia la sindrome dell'impostore, come se non meritasse davvero il successo che ha conseguito. Riaffiora il somaro dei tempi della scuola. Non era un grande studioso. Contava sulle sue capacità, si affidava alla fortuna, si metteva sui libri all'ultimo minuto... La tattica però ha funzionato. Oggi Auguste è consapevole che, per andare avanti, deve essere più propenso ad accettare le critiche e a mettersi in discussione. Ma il suo ego non tollera che a criticarlo sia una stramba ragazzina confusa.

Dopo quell'episodio Henriette è tornata allo studio tutti i giorni. In ufficio ci sono altri tre architetti paesaggisti, che lavorano ciascuno per conto proprio. Lei è stata straordinariamente efficiente, ha dato molti buoni consigli, proponendosi senza imporsi. Tattica e gentilezza... Sono qualità che richiedono una maturità piuttosto rara alla sua giovane età. Con discrezione e semplicità è riuscita a integrarsi. Solo con Auguste è ancora sulla difensiva. Fredda e distante, ecco come si mostra. La cosa, in qualche modo, lo infastidisce.

Durante una riunione, Henriette ha elogiato lo spirito *open source*: condividere le informazioni – compreso il database delle collezioni di piante e arredi, che si arricchisce a ogni progetto –, facilitare l'accesso alle ricerche per potersi ispirare l'un l'altro... «Così si diventa una squadra con un'unica mente!» ha concluso con un bel sorriso.

Auguste è rimasto senza parole. Se quella donna, oltretutto, ha anche una mentalità da leader... Si rende conto che deve considerare un fattore imprevisto: la sua disposizione d'animo verso Henriette si è fatta complessa. Nei suoi confronti prova un misto di irritazione e stima crescente, giorno dopo giorno.

Trascorse due settimane al suo fianco, deve ammettere che lavora davvero bene. E poi, chissà, potrebbero scoprire che, in fin dei conti, formano un'ottima squadra...

8.

Il gran giorno della presentazione ai De Montlhéry finalmente è arrivato. La posta in gioco è considerevole: i clienti hanno pagato per lo sviluppo di quello studio, ma nulla li obbligherebbe a procedere se per disgrazia non fossero convinti della proposta. Sottoscriveranno il progetto Rio immaginato dal duo Henriette-Auguste? È la domanda che si pone l'intera squadra. Anche Tony e Kenzo partecipano alla riunione. In lavori simili è importante dare l'idea che siano tutti coinvolti. Inoltre, una mobilitazione del genere di solito fa una certa impressione. Il giorno prima è stato diramato un comunicato: «È gradito un abbigliamento adeguato all'occasione». Kenzo sembra impacciato e piuttosto a disagio nel suo completo, che passa molto più tempo nell'armadio che indosso a lui. Tony tira in dentro la pancia più che può, ma alla fine slaccia il bottone della giacca per poter respirare meglio. Auguste fatica a riconoscere Henriette. Che cos'è quel lembo di tessuto che le fascia i fianchi? Una gonna? Non sapeva che avesse gambe così magre e slanciate. Gli stivali di cuoio le mettono ancora di più in risalto. Si accorge di non essere l'unico a rivolgere lo sguardo da quella parte. Anche Kenzo e Tony non sono insensibili alla trasformazione. È umano, dopotutto. Il mondo del design dei giardini è prevalentemente maschile, sono rare le donne che vi si avventurano. Sul campo è richiesta una notevole forza fisica per spostare piante e vasi, senza contare i lavori manuali incompatibili con la manicure.

Il gruppetto si mette in moto. Auguste ha preparato la valigetta con il portatile ultimo modello e il telecomando per far scorrere le slide a distanza e commentarle senza dover premere il pulsante sulla tastiera. Henriette tiene sottobraccio una cartelletta in cui ha infilato i suoi schizzi realizzati ad acquerello. Spera che i De Montlhéry li apprezzeranno. Sono davvero belli, va detto. Auguste sa per esperienza che per convincere i clienti niente è più utile di una passeggiata in 3D nel loro futuro giardino. L'immersione in una realtà virtuale li aiuta a proiettarsi lì con la fantasia. «Devono potercisi immaginare!» ripete spesso. Lui e Henriette hanno provato la presentazione il giorno prima per suddividersi i compiti. L'atmosfera tesa dei primi giorni si è trasformata in una sorta di soddisfacente neutralità professionale. Il progetto è convincente, ma Auguste si mantiene cauto. Non dà mai nulla per scontato: in passato ha avuto brutte sorprese, progetti che si sono sbriciolati in modo piuttosto inspiegabile. I clienti per natura sono imprevedibili. Vorrebbe essere completamente fiducioso, dimenticare per un attimo la posta in gioco. Ma niente: tanto più vuole fare bene quanto più è nervoso. Lui è un tipo che cura i dettagli. Si è premurato, per esempio, di acquistare uno spray al mentolo in farmacia, per avere un alito impeccabile durante la presentazione. Ha anche speso del tempo a lucidare le scarpe. Non scarpe qualsiasi. Delle Finsbury. Il cuoio è un materiale sensibile. C'è una procedura precisa per trattarlo e Auguste la rispetta: prima passa il detergente, poi applica la crema idratante con un panno morbido, per concludere con la cera d'api. Esegue la lucidatura con una grossa spazzola di crine di cavallo. Ha anche provveduto a limarsi le unghie e a idratare la pelle delle mani. Non ha mai dimenticato cosa gli diceva sua madre: «Un uomo si giudica dalle mani e dai piedi». Certo, quello che gli si chiede è di essere innanzitutto un buon architetto paesaggista. D'altra parte, però, l'aspetto commerciale è fondamentale, considerata la sua ambizione di diventare socio dello studio e, a lungo termine, di aprirne uno proprio. Si è spruzzato un po' di profumo Dior e spera che questo mascheri l'odore dei feromoni dello stress. Henriette gli lancia sguardi di soppiatto. Auguste si sorprende a volerli decifrare. Forse cerca in lei un segno di approvazione? Inconsciamente si aspetta che come uno specchio gli rimandi un'immagine gratificante di sé che gli infonda fiducia? Serra la mascella; non può permettere che Henriette si accorga anche solo per un istante di quel nervosismo che gli irrigidisce le spalle. Lui è il senior, quello che deve dare l'esempio e mantenere la calma. Sale sul furgone con Tony e Kenzo, mentre Henriette e Gérard prendono l'auto aziendale. Seduta sul sedile posteriore, lei non apre bocca. Per fortuna Gérard ha parlantina per tre. Ben presto arrivano a Rueil-Malmaison. L'intera squadra si dirige verso l'ingresso della casa e Claire de Montlhéry viene ad aprire. Come al solito, è sorridente e gioiosa. Henriette le è affezionata; ogni volta che la vede, non può fare a meno di pensare con rammarico alla propria madre, così fredda. È pazzesco che tra una persona e un'altra possa esistere una tale differenza di temperamento!

«Entrate. Mio marito ci raggiungerà tra un attimo. Non vediamo l'ora di scoprire il vostro progetto!»

Tanto entusiasmo dovrebbe avere un effetto rilassante su Auguste. Invece, stranamente, è il contrario. Non ha certo intenzione di deludere una donna così adorabile! La stanza ora è piena di persone e la padrona di casa offre da bere a tutti. Ha anche disposto dei savoiardi su un piattino. Tony e Kenzo iniziano a servirsi, incapaci di resistere alla gola.

Claire coglie lo sguardo di disapprovazione di Auguste e prende le loro difese. «Così si fa! Sono lì per questo!»

Non sia mai che li faccia passare per dei maleducati. È una donna squisita.

«E i suoi piccoli tesori come stanno?» si informa Auguste.

«Oh, molto bene. Sono in cucina, così non ci disturberanno.»

«Lascia i suoi figli in cucina?» chiede Tony.

Claire, divertita, gli rivolge un sorriso indulgente. «Ma no, stiamo parlando dei cani! I miei figli sono grandi, ormai...»

Tony si irrigidisce sulla poltrona. Sa di essere il re delle gaffe e si scusa. Ma Claire non se l'è presa.

Quando entra André-Louis, tutti si alzano. È un gesto un po' cerimonioso, ma lui sembra considerarlo naturale.

«Accomodatevi, prego.»

Si capisce che è abituato a ruoli direttivi. In un duo ci sono sempre un buono e un cattivo, e in questa coppia non ci sono dubbi sui ruoli. André-Louis deve essere molto più pignolo di sua moglie. Auguste si ripromette di prestargli particolare attenzione. La regola di base è iniziare con alcune domande personali per creare un clima di fiducia, ma il padrone di casa rimane abbastanza impermeabile a questa strategia. Da persona razionale e imparziale giudicherà in base ai fatti se il progetto proposto da Eden Garden merita il suo assenso. Come concordato, Gérard si occupa dell'introduzione. Un discorsetto ben collaudato per ricordare gli elevati standard di eccellenza dello studio di progettazione. Tony e Kenzo continuano a ingozzarsi con discrezione mentre annuiscono alle parole del capo. È a questo punto che Henriette dovrebbe intervenire. Si alza e apre la cartelletta per prendere gli schizzi che illustrano le sue idee. D'un tratto la temperatura nella stanza sale di dieci gradi. Lei cerca le parole, ma il rumore delle mascelle di quei due sciagurati la deconcentra. Non riesce a distogliere l'attenzione da quel suono che la manda in confusione totale. In un attimo, Auguste capisce che è bloccata. Nota il rossore delle guance, il respiro corto e le pupille leggermente dilatate. Conosce bene i segni. "Ma guarda un po', abbiamo gli stessi sintomi..." constata, con un improvviso moto di simpatia per lei. D'istinto sente che deve aiutarla. Senza pensarci prende la parola, anche se questo significa non rispettare il copione. Espone le loro idee comuni, arricchisce il discorso con termini esotici per far brillare gli occhi dei clienti. È strano come quel salvataggio imprevisto gli permetta di dimenticare la propria, di strizza, e gli infonda una massiccia dose di coraggio. Henriette nel frattempo ritrova la concentrazione e aggiunge alcuni dettagli ben pensati. I De Montlhéry ascoltano senza lasciar trapelare le loro impressioni. Quando l'ultima slide scompare dallo schermo, cala il silenzio. La squadra di Eden Garden attende ansiosamente una reazione. Claire de Montlhéry sta aspettando che parli suo marito. Tutti gli occhi sono puntati su di lui. L'uomo impiega un tempo che pare infinito per prendere il bicchiere sul tavolino accanto a sé e bere un sorso. Lo posa con altrettanta lentezza, lo sguardo fisso e impenetrabile. Poi, finalmente, le sue labbra si muovono.

«È... eccellente!»

La squadra ci mette qualche secondo a cogliere il significato di quelle parole. Hanno vinto! Gérard rivolge delle congratulazioni silenziose al duo Henriette-Auguste. Ha lo sguardo scintillante dell'uomo d'affari che sta calcolando il suo considerevole margine di profitto. Tony e Kenzo sorridono beati mentre spazzano via le briciole sparse sui loro completi. L'affare è concluso. È ora di congedarsi. Tutti si dirigono verso l'uscita. Henriette si avvicina discretamente a Auguste. La sua mano si posa sul suo avambraccio.

«Grazie!» sussurra, con un miscuglio di riconoscenza e contrizione.

«Non c'è di che...» mormora lui.

In realtà è contento. Davvero contento. Sollevato, anche. Ci manca poco che la ringrazi a sua volta. Per il bel lavoro. Per il contributo. Per le idee. E anche per il suo imbarazzo, che gli ha permesso di tirar fuori qualcosa di speciale e garantire il successo di quella presentazione che contava così tanto per lui. Un'altra bella occasione per mostrare a Gérard di che pasta è fatto e cancellare definitivamente il fiasco dell'anno precedente.

Claire de Montlhéry si avvicina a Henriette e Auguste. «Ancora una volta, complimenti a entrambi. Ero sicura che avreste formato una bella squadra.»

Poi si rivolge a Auguste, con uno sguardo malizioso.

«Allora, ho fatto bene a presentargliela, vero?»

Per tutta risposta, lui tossisce nel pugno.

D'un tratto si sentono degli abbai acuti e un rumore di unghie che grattano forte alla porta. I chihuahua sono stanchi di essere esclusi dalla festa.

«Mi sa che vogliono salutarla!» esclama Claire. Auguste era stato così affettuoso con i cani la volta prima.

«Volentieri!»

Lei apre la porta della cucina e le tre piccole pesti si precipitano fuori. Saltano dappertutto e fanno balzi così alti che viene spontaneo chiedersi se non siano incrociati con dei canguri! Auguste distribuisce coccole a profusione, con grande gioia di Ricola, Haribo e Golia. Nell'allegro frastuono, nessuno nota il moto di spavento di Tony, il duro. Appena ha visto comparire i chihuahua, il sangue gli si è gelato nelle vene. Si è messo a tremare da capo a piedi e ha sentito un rivolo di sudore freddo colargli lungo la schiena. Un uomo grande e grosso terrorizzato da animali così piccoli. Chi potrebbe capire questa paura senza riderne? Il fatto è che, quando lui aveva cinque anni, la sua vicina di casa possedeva un chihuahua. Ogni volta che quella creatura pelosa dai denti aguzzi e dagli occhi fuori dalle orbite gli si avventava contro era un trauma. Il cagnolino, tanto aggressivo quanto fifone, non amava i bambini e, inoltre, doveva aver percepito la paura di Tony. Un giorno lui aveva cercato di ammansirlo dandogli un pezzo di biscotto e, in segno di gratitudine, era stato morso a sangue.

«Stai bene, Tony? Sei pallido...»

Kenzo è un ragazzo gentile, sempre attento agli altri. Ma oggi Tony preferirebbe sottrarsi alle sue premure. Non vuole che il collega si accorga di quanto si sia agitato per una ragione tanto assurda. Morirebbe di vergogna se dovesse ammettere di aver timore di quelle bestiole minuscole!

«Sì, sì, sto bene! Vi aspetto nel furgone...» risponde un po' bruscamente.

Camminando all'indietro per tenere gli animali nel suo campo visivo, cerca a tastoni la maniglia della porta d'ingresso. Per fortuna, le belve sembrano occupate a leccare Auguste e Henriette. Una volta uscito, Tony corre a gambe levate e fatica a ritrovare la calma. Solo quando è al sicuro nel furgone riprende fiato. I tremori si attenuano con il passare dei minuti. Tuttavia la sua preoccupazione persiste: come farà a lavorare su quel cantiere se non può uscire dal veicolo?

9.

Durante il viaggio di ritorno in agenzia l'atmosfera è gioiosa. Che soddisfazione vedere premiati i propri sforzi ed essere così gratificati! Gérard lo conferma: hanno appena chiuso il contratto più importante della loro storia.

«Be', qua, ragazzi, bisogna festeggiare!»

È raro che sia così espansivo. Dev'essere al culmine della felicità. Henriette e Auguste si guardano senza dire una parola, chiedendosi se questa vittoria segnerà per loro il momento del disgelo.

Una volta arrivati in ufficio, lei lo prende da parte per un momento. «Mi... mi volevo scusare per prima, perché mi sono persa un po' all'inizio della presentazione. Sono ancora molto nervosa in presenza dei clienti...»

Auguste sembra sorpreso dalla confessione. Un movimento del sopracciglio lo tradisce. Dentro di sé, la ammira per quella capacità di riconoscere la sua ansia e le sue difficoltà a prendere la parola in pubblico. La trova coraggiosa. È vero che sulle prime è apparsa titubante durante la presentazione, ma poi le sue osservazioni si sono rivelate più che convincenti. Se ne rende conto? Auguste avrebbe l'opportunità di mostrarsi per quello che è, di essere sincero. Potrebbe ammettere che anche lui viene sopraffatto dall'ansia di deludere e che compensa la sua apprensione con un faticoso perfezionismo. Ma qualcosa lo trattiene. Il pudore? L'orgoglio, soprattutto! Non ha voglia di calare la maschera davanti a lei e ci tiene a preservare la sua immagine di uomo forte e sicuro di sé. Cerca di convincersi che sia la scelta più giusta. Dopotutto, quella giovane collega non ha forse più bisogno di un modello che di un alter ego vulnerabile afflitto dalle sue stesse paure?

«Non è niente, Henriette. Può succedere a chiunque di andare nel panico. Qui poi la posta in gioco metteva parecchia pressione. L'importante è che siamo riusciti a riprenderci e che tutto sia finito bene.»

«Sì, complimenti. Sei stato molto bravo.»

Auguste non può lasciare che si congratuli senza riconoscerle parte del merito. «Anche tu, Henriette.»

Glielo si legge in faccia che fatica ad accettare un complimento. Non riesce a capire come mai dubiti così tanto di sé stessa, quando è evidente che ha talento.

Nel frattempo arriva Gérard. «Spero che abbiate fame! Vi porto tutti da Georges! Festeggiamo questo grande successo di squadra. Tony, Kenzo, voi siete pronti? Ho prenotato per l'una e un quarto. Abbiamo giusto il tempo di arrivarci!»

Si incamminano in fila per due, quasi come se fossero in gita scolastica. Gérard è di fianco a Tony. Fanno a gara a chi parla più forte. Voce grossa, grossa personalità. Seguono Auguste e Henriette, che hanno un interesse comune per il design contemporaneo e discutono animatamente. Lei è particolarmente affascinata dalla vasca da bagno a forma di amaca disegnata da Miles Hartwell e Matt Withington. Quando si anima, diventa un'altra persona. Auguste la osserva incuriosito e quasi divertito. La passione ha la meglio sulla sua naturale riservatezza. Muove le mani con frenesia, la voce diventa più vibrante e calda e gli occhi le brillano in modo quasi febbrile. Deve ammettere che è piacevole essere testimone di quella metamorfosi. La ascolta distrattamente, più concentrato sui lineamenti del suo viso che sul discorso, di cui coglie solo frammenti. Vasca sospesa. Luogo di pace. Vera e propria scultura. Meraviglia estetica. A un certo punto Henriette si interrompe per chiedergli: «E tu? Qual è il tuo designer preferito?».

Auguste è costretto ad abbandonare le sue riflessioni per tornare alla conversazione. «Ho un debole per Achille Castiglioni. Sono bravi gli italiani! Di sicuro avrà lasciato in eredità qualche pezzo davvero mitico. Conosci la sua lampada Arco, immagino...»

«Sì. Adoro quel tocco di design industriale. Era un architetto, giusto?»

«Certamente. Forse è per quello che ha avuto l'ispirazione di lavorare su nuove forme con tecniche e materiali innovativi!»

«E vai alle mostre ogni tanto?»

«Ci provo. Cerco di tenermi aggiornato. In questa professione è importante allenare l'occhio...»

Nessuno si è accorto che Kenzo sta camminando da solo, in coda al gruppetto. In realtà, quel pranzo improvvisato lo mette più a disagio di quanto voglia ammettere. Conosce il ristorante, anche se non c'è mai stato. Si tratta di un locale chic, ricercato. Gérard ci tiene a fare le cose in grande, il conto sarà salato. Kenzo trova molto bello che un capo voglia condividere i suoi successi con i dipendenti. Si rimprovera di non riuscire a essere contento per questo. Immagina già il luogo. I divanetti, i lampadari, i camerieri in camicia bianca. Davvero non è il suo genere. Preferirebbe andare a mangiare un panino al bistrot con i suoi amici operai. Si sente più a proprio agio in una bettola con persone della sua stessa estrazione.

Quando arrivano davanti a Georges, Gérard entra per primo. L'hostess di sala li accompagna al tavolo. Il divanetto è per Henriette, privilegio femminile, e Tony si siede accanto a lei. Non gli è neanche passato per la testa di chiedere: le regole della precedenza gli sfuggono completamente. Gérard non si mostra offeso e prende posto su una sedia di fronte a lui, con Auguste a fianco. Kenzo si ritrova all'estremità del tavolo, come un elemento estraneo, cosa che accentua ancora di più il suo disagio. Portano i menu, uno a testa. Tutto solo davanti al suo, il disagio aumenta di un'altra tacca. Ci sono un sacco di parole che non capisce. Ma che diamine è uno zefir di tartufo? E una coscia di ninfa disossata? Per non parlare della sorpresa su letto di crema di verdure... Kenzo è terrorizzato. Se chiede, tutti lo prenderanno per uno scemo. E, se non chiede, potrebbe ritrovarsi con un piatto che detesta. Sarebbe costretto a mangiarlo e magari poi starebbe anche male. Si vede già vomitare in bagno. Che incubo! Decide di scegliere a caso, pazienza. Gli altri sembrano divertiti da quei nomi enigmatici e fasulli. Gérard fa conversazione e dispensa lodi sperticate per l'eccellente affare che hanno appena concluso. A Kenzo va più che bene che monopolizzi l'attenzione. Ne approfitta per mangiare rapidamente l'antipasto, che non pare affatto male. Ci sono due forchette diverse, una grande e una piccola. Non sapendo quale scegliere, prende il cucchiaio da minestra. Henriette gli lancia uno sguardo di sbieco, un po' come avrebbe fatto sua madre, e lui di colpo si chiede se non sia troppo curvo sul piatto. «Stai diritto!» si sentiva ripetere fino allo sfinimento quando era bambino. «Guarda che ti metto una scopa tra le scapole!» Peraltro una volta sua madre dalle minacce era passata ai fatti; ricordava ancora l'umiliazione. Non era stata l'unica. Era colpa sua se non andava bene a scuola? Alle difficoltà acclarate si aggiungeva un disinteresse spiccato e irremovibile per l'istruzione istituzionale. Kenzo era un cattivo studente infelice. Aveva sviluppato molto presto un profondo complesso di inferiorità e trascinava come un fardello il peso della sua ignoranza. Anche leggere non era facile. Per quanto riguardava la scrittura, tra la disgrafia e la disortografia la sua era quasi impossibile da decifrare. Da adulto era diventato un maestro nell'arte del camuffamento, per non far mai trasparire le sue difficoltà. Per fortuna, compensava con la parlantina. Aveva la lingua sciolta, come gli dicevano gli amici del quartiere. Così aveva guadagnato la fiducia di Gérard e aveva ottenuto un ruolo di responsabilità all'interno dello studio. Ricordava che quando, a quattordici anni, aveva lasciato la scuola per iniziare il suo apprendistato, a sua madre erano venuti i capelli bianchi. Pensava che non sarebbe arrivato da nessuna parte. Dieci anni dopo, Kenzo aveva trovato il suo posto in Eden Garden. Poteva sentirsi fiero non solo di essere insostituibile sui cantieri a fianco di Tony, ma anche di ricoprire quel ruolo cruciale di mediazione tra le squadre sul campo e i clienti, che gestiva magnificamente grazie a un'invenzione formidabile: il telefono cellulare! Non c'era bisogno di torturarsi con la scrittura... Sì, aveva buone ragioni per camminare a testa alta. Tuttavia, in circostanze come questa, rispuntavano tutte le penne del brutto anatroccolo. Specialmente in presenza degli «architetti», mille volte più colti di lui.

Il cameriere porta le altre ordinazioni. Le cose si complicano. Gérard avvia una discussione sull'ultimo film visto al cinema. Anche Henriette l'ha visto e sembra esserne rimasta profondamente toccata.

«Ho persino pianto!» ammette, prima di pentirsi della sua confessione.

Tony prorompe in una grassa risata. «Ah! A me non potrebbe mai succedere! Sono solo le donne che tirano fuori il fazzoletto davanti a un film!»

Il suo tono è scherzoso. Tony non è cattivo, solo che non sa cosa sia il tatto. Possibile che appartenga alla categoria degli uomini che hanno chiuso la sensibilità in un cassetto e buttato via la chiave? Henriette ripensa alla sua paurosità e si dice che l'armatura di Tony, invece, dev'essere indistruttibile. Poco o nulla la scalfisce. È più felice chi sente di meno? Henriette se lo chiede. È proprio questo il problema. Si fa troppe domande. Dev'essere riposante poter mettere in standby le emozioni come fa Tony. Anche Auguste ha visto il film e ha molto apprezzato la recitazione degli attori. Ha avuto paura nei primi minuti e poi si è lasciato prendere dalla trama.

«Il libro è ancora più straordinario! Lo avete letto?»

Quando i suoi occhi si posano sui presenti, il viso di Kenzo vira al verde. Nessun suono esce dalla sua bocca socchiusa.

Tony interviene al posto del collega. «Ah, ah! Non chiedetelo a Kenzo! Non ha mai letto un libro in vita sua! Vero, Kenzo?»

Nell'universo di Tony, le frecciate amichevoli sono di prassi e i ragazzi trascorrono il tempo a prendersi in giro. È il loro modo per instaurare un clima di virile cameratismo. Tony non può sospettare che impatto abbia quel commento sul giovane collega, così complessato per la sua scarsa cultura. Gérard passa ad altri argomenti. Il disagio di Kenzo anziché diminuire aumenta. Tutti lo riterranno un cretino. Un idiota, un ignorante, una nullità. Di colpo, gli viene da piangere. Una grossa palla in fondo alla gola comincia a soffocarlo. Serra i denti. Si morde la guancia per cercare di scacciare quella sensazione. Ci manca solo che si metta a frignare. Si affonda le unghie nei palmi delle mani. Niente da fare. Sente che sta per cedere. Si alza bruscamente dalla sedia e va in bagno. Nessuno lo ha notato, tranne Henriette, che ha le antenne per captare i nervi scoperti nelle persone. Lo segue con lo sguardo e ha l'impressione di seguire, insieme a lui, anche la sua sofferenza. Quando Kenzo torna a sedersi, nota gli occhi un po' arrossati e le maniche leggermente bagnate, segno che si è spruzzato dell'acqua sul viso. Non farà commenti per non peggiorare il suo imbarazzo. Conosce quel tipo di stato d'animo e sa che l'unica cosa di cui Kenzo ha bisogno al momento è di essere lasciato in pace. In uno slancio di empatia, gli scocca un sorriso caloroso e avvolgente. Lui si chiede che cosa possa aver fatto per meritarselo, ma prova un indicibile conforto e rivolge a Henriette un ringraziamento silenzioso.

10.

Per Henriette e Auguste inizia un lavoro impegnativo. Un lavoro da formiche. Hanno disegnato un progetto da sogno, ora devono trasformarlo in realtà. Bisogna verificare la disponibilità di ogni articolo, di ogni dettaglio. Passano ore al telefono con i fornitori. Spesso la risposta non è immediata, quindi devono aspettare che li richiamino. Un solo tassello mancante è in grado di bloccare l'avanzamento di tutto il puzzle. L'equilibrio potrebbe essere compromesso. Gli architetti paesaggisti sono un po' come dei pittori in tre dimensioni. Si racconta che Cézanne a volte lasciasse una zona bianca sulla tela per giorni, prendendosi il suo tempo per scegliere la tonalità più adatta per armonizzarsi al meglio con i colori adiacenti. Allo stesso modo, la progettazione del verde è un'arte delicata in cui occorre prestare attenzione a ogni sfumatura di colore, di forma e di luce. È ciò che piace di più a Auguste, che è felice di poter esprimere la propria sensibilità artistica, con un vantaggio rispetto a un pittore: ha infatti la fortuna di creare non in due dimensioni, bensì in quattro! Le tre del volume più la quarta, quella olfattiva, una componente che non esiste nella pittura, confinata alla bidimensionalità. Essere architetto paesaggista offre infinite possibilità per deliziare i sensi. Mentre sfoglia i cataloghi, inizia una conversazione con Henriette per conoscere il suo punto di vista sulla questione.

«Sono assolutamente d'accordo sulla tua idea di giardino polisensoriale. Coccolare, oltre alla vista, l'olfatto, trovo che sia fantastico. E sai una cosa? Penso che potremmo spingerci ancora un po' oltre...»

«Ah, sì?»

Con le gambe distese davanti a sé in una posizione molto rilassata, Auguste si diverte a far ruotare la sedia girevole. Ostenta noncuranza, anche se in realtà la creatività di Henriette lo affascina. Preferisce non farglielo capire. Non vuole che acquisti troppa sicurezza e cerca di mantenere un certo ascendente su di lei: deve affermare la propria autorevolezza per non perdere il controllo del progetto.

Henriette, di conseguenza, ha l'impressione di non aver catturato la sua attenzione, perciò risponde esitante: «Be', non so se sia una buona idea, ma mi chiedo se possa essere interessante aggiungere al progetto anche la dimensione dell'udito...».

"Una quinta dimensione? È pazzesco!" pensa Auguste, impaziente di sentire il seguito. «L'udito? Non capisco cosa vuoi dire.»

Lei balbetta leggermente, come qualcuno che sta per sparare una sciocchezza e ha paura di essere messo in ridicolo. «Insomma, sì, l'udito. Abbiamo già la vista, con la ricchezza estetica delle forme, e l'olfatto, con i profumi dei fiori e degli alberi dal sentore deciso. Grazie al lago possiamo usare l'acqua per aggiungere il suono.»

«Spiegami», la incalza lui in tono falsamente distaccato.

«Potremmo inserire una piccola cascata, per esempio sovrapponendo delle vasche. Come in una fontana da esterno a circuito chiuso.»

«Bisogna vedere...» commenta Auguste laconico.

Non si pente di aver giocato la carta dello scetticismo, perché gli dà l'opportunità di vederla infiammarsi nel tentativo di convincerlo.

«Non puoi immaginare l'impatto della musicalità sull'essere umano! I benefici per il riposo mentale, l'appagamento... D'altronde è un elemento molto usato nei giardini zen!»

Auguste si diverte a prenderla in giro facendo l'avvocato del diavolo. «Per l'appunto! Ti ricordo che dovremmo essere a Rio, non in Giappone!»

«Non vedo perché non dovremmo approfittare dei benefici del suono in America Latina! Oh, ma che cavolo!»

Henriette strappa la pagina del catalogo, la accartoccia e la lancia come una palla da basket nel cestino a due metri di distanza. Quando cade di lato, incrocia le braccia al petto e si acciglia, con le narici frementi di contrarietà. Auguste è colpito dal suo temperamento così focoso: nasconde bene certe parti di sé. Si rende conto di aver esagerato e di averla ferita. Si alza per raccogliere il foglio e lo dispiega con cura. Le si inginocchia davanti per restituirle la pagina spiegazzata, ma lei la rifiuta.

«Scusami, non volevo farti innervosire.»

Henriette non si rasserena. Le rivolge un sorriso contrito, ma lei resta impassibile. «Non capisco perché smonti tutte le mie proposte!»

«Non lo faccio», tenta di difendersi lui.

«E invece sì!»

Henriette capisce che non si sta comportando da professionista. Quando si arrabbia, le sue reazioni emotive sono quelle di una bambina di dieci anni. L'adulta che è in lei cerca di indurla alla ragione, di farle notare che è ridicolo reagire in modo così eccessivo per un nonnulla. Inutile. I suoi dannati occhi bruciano. Spera soltanto che lui non se ne accorga. Le costa già tanta fatica essere credibile...

«Ti dirò di più. Penso che la tua sia una buona idea, anzi eccellente.»

È convinta di aver capito male. Ha detto proprio «eccellente»?

Auguste si gira puntando un dito verso di lei con un gesto teatrale. «E sai una cosa? La presenteremo ai nostri clienti! Ecco.»

«Quando?» chiede Henriette con voce ancora afflitta.

«Adesso!» Auguste compone il numero davanti a lei. «È Claire!» la informa, mettendo la mano sul microfono.

Con poche frasi perfettamente formulate espone il loro concept polisensoriale e le preannuncia che passeranno a trovarla per mostrarle le proposte. Henriette ammira il suo eloquio fluente. Lo stile di Auguste è schietto, diretto, cordiale senza essere troppo ossequioso. Ha imparato a piazzare al momento giusto quei famosi sorrisi che si percepiscono al telefono. Quando riaggancia, è sicura che lui abbia ottenuto un appuntamento.

«A che ora?» gli chiede senza preamboli.

«Non è libera prima di stasera. Ci aspetta alle sei.»

Auguste ama quando le cose procedono spedite. Sembra eccitato e contento, ma non ha considerato un piccolo dettaglio.

«Temo che avremo poco tempo per prepararci», osserva allarmata Henriette. «Soprattutto perché Claire vorrà che le mostriamo come realizzare concretamente l'idea...»

In risposta, lui alza le spalle e per provocarla butta lì: «Non preoccuparti. Il tempo basta e avanza!».

Alle 18 precise parcheggiano nel vialetto della casa dei De Montlhéry. I chihuahua corrono verso la macchina per accoglierli con un concerto di abbai acuti. Auguste solleva Haribo e Ricola, uno per braccio, e mentre cerca di sfuggire all'attacco delle loro linguette esclama divertito: «Oh, che vocioni per delle bocche così piccole!».

Henriette, invece, si inginocchia per accarezzare Golia, che salta di gioia. Una voce risuona dietro di loro.

«Be', a quanto pare avete fatto proprio colpo! Entrate, prego. Fa freddo quando va via il sole.»

Henriette e Auguste seguono la padrona di casa, scortati dalla truppa di chihuahua.

«Suo marito non è in casa?» chiede gentilmente Auguste.

Con la solita voce allegra Claire spiega che André-Louis è andato in Australia per lavoro e starà via quindici giorni. Auguste potrebbe giurare di aver visto un'ombra di tristezza sul volto della donna.

«Deve mancarle.»

«Che vuole, è così quando si sta con un uomo d'affari! Sono orgogliosa di lui e non voglio tarpargli le ali solo per tenerlo accanto a me. E poi non durerà per sempre. Tra qualche anno dovrà pur andare in pensione!»

Auguste sprofonda nella poltrona grigiazzurra, ma qualcosa tra il cuscino e lo schienale gli preme contro la parte bassa della schiena. Si tira leggermente su e girandosi vede un pezzetto di tessuto. Sorpreso, scopre che è un pupazzetto piuttosto consumato.

Claire glielo strappa quasi di mano con una risatina imbarazzata. «Oh, mi scusi. Il mio nipotino l'avrà dimenticato l'ultima volta che è stato qui...»

«Può essere un bel guaio. La perdita di un peluche di solito causa piccoli drammi.»

«No, ne ha talmente tanti che non se ne sarà nemmeno accorto...»

Henriette, che ha dei nipotini, si stupisce di quella risposta. Quando Claire si infila il peluche nella tasca della giacca, da cui sporge in parte, non può fare a meno di notare quell'accostamento tanto inusuale. Ma non è lì per soffermarsi su dettagli del genere. Deve presentare a Claire il suo progetto per il lago e convincerla a realizzarlo. Così, senza indugi, inizia a parlarle delle vasche sovrapposte per creare la cascata.

«Potremmo metterci una grande varietà di pesci!» si entusiasma.

«Non comporterà troppa manutenzione?»

«No, non si preoccupi. Un sofisticato sistema di aerazione e filtraggio permetterà di avere sempre l'acqua limpida.»

Auguste si lancia in spiegazioni particolareggiate. Ama essere preciso e ritiene importante fornire al cliente tutte le informazioni necessarie per permettergli di valutare l'affidabilità e la qualità dell'offerta. Si imbarca nella descrizione del filtro per la purificazione dell'acqua, spiegando come trattenga le particelle organiche sospese che potrebbero intorbidirla e al contempo determini la regolazione della temperatura, favorendo l'ossigenazione. Claire inizia a distrarsi. È palese: si annoia, nasconde persino uno sbadiglio nel pugno. Henriette dà una gomitata al suo collega per cercare di fermarlo, ma Auguste le lancia uno sguardo cupo. Non capisce perché dovrebbe interrompere quell'appassionante presentazione, necessaria per vendere la loro idea. Prosegue illustrando il ruolo della lampada UV e il suo affascinante lavoro a monte del filtro. «Si rende conto che riesce a distruggere i batteri responsabili di alcune malattie nei pesci e le microparticelle di alghe che colorano l'acqua di verde? Incredibile, no?»

«Sì, davvero incredibile!» gli fa eco Henriette in tono fintamente allegro mentre gli lancia lo sguardo del boscaiolo pronto a fare a pezzi un albero con la motosega.

«Claire, penso che lei abbia tutte le informazioni necessarie per prendere una decisione. Non la disturbiamo oltre...»

«Aspettate, non abbiamo ancora parlato delle piante acquatiche e delle varietà di pesci!»

Henriette è contrariata. Con il suo zelo assurdo Auguste finirà per rovinare tutto!

«Sarà per un'altra volta. Ho l'impressione che Claire sia un po' stanca adesso. Non è vero, Claire?»

La cliente non nega. «Sì, ha ragione. Preferirei che mi inviaste delle proposte, con qualche immagine, in modo che io possa scegliere.»

«Nessun problema, Claire. La lasciamo...»

Auguste e Henriette sono già in piedi, ma inaspettatamente la donna li trattiene.

«Non vi sto mica cacciando via, eh. Che ne dite di un aperitivo? La giornata è finita e nessuno mi aspetta... Magari possiamo parlare di qualcos'altro che non riguardi il progetto.»

Henriette è in difficoltà. Non vuole offenderla, ma quell'incontro l'ha sfiancata. Ci ha messo tutto il giorno per preparare la presentazione a tempo di record, per non parlare del costante braccio di ferro con Auguste che le prosciuga le energie. È troppo. Sta diventando eccessivo. Ha bisogno di ritirarsi, di stare da sola a casa sua per poter elaborare quel flusso di informazioni ed emozioni. Le gira la testa.

Claire deve averla vista sbiancare. «Tutto bene, Henriette? Si sieda, è così pallida! Non muovetevi, prendo qualcosa da mettere sotto i denti!»

Henriette si risiede. Dovrà trattenersi per forza. Nemmeno Auguste sembra entusiasta all'idea di restare. Nonostante tutto, le chiede gentilmente come sta, sorprendendola con quell'improvvisa sollecitudine.

Claire torna con un sacco di roba: *vin cuit*, salatini e persino un pezzetto di foie gras. «Spalmato su del buon pane tostato con i semi, vedrete che delizia, vi rimetterà in sesto!»

Tutto sommato, Henriette mangia con appetito, e le sue guance si colorano di rosa. Claire chiacchiera del più e del meno, evidentemente felice di avere compagnia. Auguste gioca con i cani e si improvvisa addestratore per insegnare ai chihuahua a dare la zampa in cambio di un bocconcino goloso. Henriette lo osserva con la coda dell'occhio e pensa a quanto sia diverso quando non è sotto pressione per il lavoro. Ha il viso sorridente, rilassato, divertito. Com'è possibile che qualcuno tanto bravo con gli animali a volte possa essere così odioso con gli esseri umani? I bicchieri sono vuoti. Eppure Claire non sembra intenzionata a lasciarli andare.

«Ancora un drink?»

Tutti e due declinano cortesemente. Li attende un viaggio in macchina. Lei li accompagna alla porta e li ringrazia con calore per la visita. I cani non vogliono separarsi da Auguste.

«Li porto via con me?» chiede lui con un occhiolino sornione.

Per un istante Claire viene presa dal panico, ma subito dopo sorride. «Ah, questo proprio no! Me li tengo! Ma bel tentativo, caro Auguste.» Poi sussurra: «Mi sentirei così sola senza di loro...».

Auguste e Henriette non hanno prestato attenzione a quell'ultima frase, ansiosi com'erano di tornare a casa. Claire vede i fari allontanarsi nella notte buia. Il buio che la avvolge. Il buio che le fa così paura.

Auguste e Henriette si ritrovano a viaggiare in silenzio. È una delle tipiche situazioni imbarazzanti in cui non si sa cosa dire che lei teme tanto. Sente un'avvisaglia di mal di testa e automaticamente si sfrega le tempie.

Auguste se ne accorge. «Stanca?»

Henriette è combattuta tra il desiderio di essere sincera e quello di non gettare la maschera per mantenere un po' di vantaggio.

Vorrebbe rispondergli: "Sì, sono distrutta, svuotata, stecchita! Claire de Montlhéry mi ha consumata! Quella donna mi piace, ma ho pensato che non ci avrebbe più lasciati andare, con il suo aperitivo. E anche tu mi hai logorata. Ti perdono perché hai una bella faccia, ma, sinceramente, non perdi occasione per rompere le palle! Non ho capito perché ti sei lanciato in quella tirata sui filtri del laghetto... Era di una noia mortale! A un certo punto mi è venuta voglia di cucirti la bocca per fartela chiudere. Ora spero che mi porti presto a destinazione, perché ho solo una cosa in mente: tuffarmi in un bel bagno caldo, portarmi un vassoio con qualcosa da mangiare sul divano per poi stramazzare davanti alla prima scemenza che passa in TV...".

Invece, si gira verso Auguste e gli sorride. «No, no, sto bene, e tu?»

Lui risponde sullo stesso tono. In realtà è esausto. Negli ultimi giorni ha accumulato un sacco di tensione dietro le spalle. Sogna un massaggio rilassante con oli profumati, le mani calde di una donna sul corpo dolorante... Potrebbe chiamare una delle sue ex amiche di letto. Ce n'è qualcuna che non chiede di meglio che un po' di piacere senza impegno. Gli farebbe bene fare sesso. Tra una cosa e l'altra, sono tre settimane che non batte chiodo. E a giudicare dal fremito che sente nei pantaloni, Maverick sembra d'accordo. Getta uno sguardo furtivo in direzione di Henriette. Per fortuna non può leggergli nel pensiero! Lo etichetterebbe subito come un libertino. Ma la faccenda è più complessa di così. La verità è che appena sboccia anche solo l'ombra di un sentimento, è la fine. Se non prova nulla per la sua partner e il rapporto è unicamente fisico, si gestisce benissimo; quando invece si innamora diventa insicuro. Si sente sotto pressione e viene sopraffatto dall'ansia da prestazione. Ogni volta le stesse inconfessabili domande tornano a tormentarlo. Riuscirà a penetrarla? A farle provare piacere? Sarà un amante soddisfacente? Sono ancora gli strascichi di quella maledetta storia traumatica di quando, da adolescente, aveva perso la testa per una bella bionda della sua scuola. All'epoca lui era l'idolo delle ragazze: tutte fantasticavano sull'affascinante macho che sembrava promettere viaggi erotici iniziatici a chi era interessata. Dopo settimane passate a corteggiare quella bionda, finalmente era riuscito a programmare il tanto atteso atto finale: la conclusione, con fuochi d'artificio, era prevista per il weekend. Ma ecco la catastrofe: Maverick l'aveva mollato. Era così che aveva soprannominato il suo pene, la sua fedele appendice, il trampolino di lancio della sua virilità destinato a tenere alta la reputazione di figo galattico degna del famoso pilota di *Top Gun*. Be', quel giorno Maverick era rimasto a terra. Sfacelo totale. Nessuno a bordo. Uno spaghetto scotto, un salvagente sgonfio... Che colpo per il suo ego! Ricorda di averlo schiaffeggiato insultandolo a bassa voce. Priscilla era troppo giovane per affrontare una situazione del genere con il distacco necessario e tanto meno per capirlo o scusarlo. Naturalmente, Auguste non aveva avuto una seconda possibilità. Ferito nel profondo, era giunto a una conclusione che in seguito non aveva più messo in dubbio: sesso e sentimenti non costituivano un'accoppiata vincente. Quando c'era di mezzo il cuore, il fiasco era assicurato. Da allora preferiva mantenere le cose ben distinte: meglio essere l'avventura di una sera, che si mostra all'altezza della situazione, piuttosto che l'innamorato deludente a cui viene dato il benservito.

Auguste scaccia quei pensieri sgradevoli per tornare a concentrarsi sulla sua passeggera, che ha accettato un passaggio a casa senza farsi pregare. Prima di salutarsi, scambiano qualche battuta, da buoni colleghi. Auguste accosta sotto un lampione che proietta delle luci spettrali sul volto di Henriette. I suoi occhi incredibilmente azzurri risaltano nella penombra, bordati da occhiaie violacee nel pallore del viso dai lineamenti tirati: a quanto pare la giornata è stata molto faticosa per lei. Si salutano, poi Henriette scende e lui guarda la sua silhouette sottile allontanarsi nella notte.

"Sta' buono, Maverick! Non pensarci nemmeno!" ammonisce il suo socio in libertà vigilata.

È proprio il momento di fare un colpo di telefono a una delle sue ex...

11.

Claire è rimasta a lungo davanti alla finestra dopo la partenza di Auguste e Henriette. Tiene in braccio Golia e lo accarezza freneticamente, come se fosse un pupazzo da cui trarre conforto. È calato il silenzio, per fortuna interrotto di tanto in tanto dai guaiti dei chihuahua, che le fanno compagnia. Un'angoscia sorda, irrazionale, monta dentro di lei al pensiero che è sola in quella grande casa vuota. Dalla finestra vede agitarsi gli alberi del giardino, trasformati in sagome inquietanti. Nella sua fervida immaginazione dietro ogni angolo buio si nasconde una creatura pronta ad assalirla. O, peggio ancora, un intruso, un ladro esperto nello svaligiare le belle ville dei quartieri residenziali. Forse qualcuno che ha studiato per giorni le sue abitudini e sa che suo marito è assente... Il tipo di criminale che potrebbe eludere il sistema di allarme con spietata facilità. Nella mente di Claire il film è partito: sente il cuore accelerarle nel petto. Deve dare da mangiare ai cani. Sì, meglio tenersi occupata. E fare rumore, anche. Accende il televisore e tutte le luci. Sembra che si prepari a un ricevimento. Esce dal salotto. Il resto delle stanze è immerso nell'oscurità. Rabbrividisce. Cerca a tentoni l'interruttore in cucina. Fa un passo e urta qualcosa. Caccia un urlo e respinge violentemente l'aggressore: è la scopa che ha perso l'equilibrio cadendole addosso. Accende la luce e constata che non c'è nulla di anormale. Si rimprovera, si sente ridicola. Ha già preso l'aperitivo, ma pazienza, tira fuori una bottiglia di vino. Ha bisogno di rilassarsi. Apre il frigorifero e afferra tutto ciò che le capita sottomano. Quando André-

Louis non c'è, si lascia andare. Tutto diventa vago, non ci sono più confini. Ha bisogno di conforto e, in questi momenti, solo il cibo riesce a darglielo. Si concede un'orgia di piatti proibiti che si prestano alla compulsione. Affettati, formaggio, pane, e poi salmone affumicato, *tapenade*, insalata con le noci, crostini, roquefort. Fa avanti e indietro tra salotto e cucina, cucina e salotto, con il vassoio sempre più pieno. Il livello della bottiglia di vino scende in picchiata. Non importa, finalmente si sente invadere da un piacevole torpore. L'ultimo vassoio è dolce: frutta sciroppata, vaschetta di gelato alla vaniglia e caramello al burro salato. Lo stomaco sta per scoppiarle. Eppure niente sembra riuscire a colmare quel senso di vuoto. Quando lui non c'è, è come se le mancasse una parte di sé stessa. Pensava che riempiendosi lo stomaco il peso che ha sul petto si sarebbe alleviato, invece ora le fanno male tutti e due. Con un gemito si sdraia sul divano davanti al televisore. È strano, quando è in preda all'ansia perde del tutto la capacità di concentrarsi. Non ha la minima idea di cosa parli il programma che sta guardando. Si infila la mano in tasca e trova il peluche che, poco prima, ha rischiato di causare un incidente imbarazzante. Lo afferra e, come una bambina, lo avvicina al naso per respirarne l'odore rassicurante, mentre si infila il pollice in bocca. Alla fine si addormenta e si sveglia tre ore più tardi. È l'una di notte. Si trascina in camera sua barcollando. Per le scale, la sua stessa ombra la spaventa. Si infila sotto le coperte, ma il sonno non arriva. Così, esaurita, sull'orlo di una crisi di nervi, inizia a singhiozzare piano nel buio. Quando non ce la fa più, afferra il cellulare e compone il numero di sua figlia. Risponderà a quell'ora della notte? Claire si aggrappa all'idea come a un salvagente.

«Mamma? Sei tu? Che succede? Qualcosa non va?»

Claire è così commossa dal fatto che sua figlia abbia risposto che sulle prime non riesce a dire niente.

«Mamma, stai piangendo? Parlami!»

Claire si soffia rumorosamente il naso. «Mi... mi dispiace di... di disturbarti a quest'ora! Devi odiarmi!»

All'altro capo della linea, sua figlia fa un profondo sospiro di stanchezza. «Certo che no, mamma! Lo sai che ci sono e ci sarò sempre per te. Be', fammi indovinare... Papà è via per lavoro e tu hai una fifa boia a stare a casa per conto tuo.»

«Sì... sì, è vero. Io... io non ce la faccio! Sono una scema, lo so, ma mi sento così sola!»

«Smettila di dire che sei una scema! Non è questo il punto.»

«Ma sì, e in più ti sveglio nel cuore della notte!»

«Non importa. La cosa che mi preoccupa è che succede sempre più spesso! Non può continuare così... Devi parlarne con papà!»

«Mai e poi mai! Ti rendi conto? Dovrei dirgli che ho paura del buio, che immagino malintenzionati nascosti negli armadi e che non riesco a dormire quando lui non è qui!»

«E allora? È umano.»

«Ti sbagli. Non capirebbe, ne sono sicura. Lo sai com'è fatto, sempre così razionale. Già mi vedo la sua faccia stupefatta... Questo tipo di paura è inconcepibile per lui. Non sopporterei il suo imbarazzo, lo stato d'animo con cui mi ascolterebbe, educato ma interdetto, l'incapacità anche solo di immaginare cosa sto passando...»

«Come fai a saperlo? Non gli hai mai dato la possibilità di mostrare come reagirebbe!»

Durante tutta la conversazione, Claire ha continuato a piangere, asciugandosi le lacrime con il polsino della camicia da notte.

«Non c'è storia! Lui l'empatia non sa nemmeno cos'è... Ha molte qualità, ma vedere una donna piangere lo mette a disagio!»

«Okay, mamma, va bene! Ho capito che stanotte non ti farò cambiare idea. Sei testarda come un mulo. Adesso però calmati, eh. Vuoi che venga lì?»

Il semplice fatto che glielo abbia proposto basta a placarla. I singhiozzi piano piano si attenuano.

«Sei davvero un tesoro, ma no, grazie. Andrà tutto bene. Prendo una pastiglia...»

«Questa non è una soluzione, mamma! E non dire che

sono un tesoro, perché presto cambierai idea in proposito! Se non lo farai tu, affronterò io il discorso con papà. Non sopporto più di vederti soffrire per le sue assenze. Capito?»

Claire non se la prende con la figlia per il suo tono da sergente maggiore. La conosce e si rende conto che si comporta in quel modo perché le vuole bene. È curioso che i ruoli siano invertiti: la figlia diventa la madre e viceversa. Era proprio ciò che serviva a Claire per ritrovare la calma: qualcuno che accogliesse la sua paura senza giudicare, dandole il conforto e l'attenzione benevola che tanto le erano mancati da bambina. Nessuno si era mai preoccupato delle sue insicurezze.

La figlia-mamma di venticinque anni continua a dispensare consigli con voce dolce e ferma: «Preparati una tisana calda con due cucchiaini di miele, d'accordo? Poi metti qualche goccia di olio di lavanda sul petto. E il peluche? Ce l'hai vicino?».

È l'unica persona al mondo a conoscere questo segreto inconfessabile.

«Mélanie?»

«Sì?»

«Prometti che non dirai mai del peluche a tuo padre.»

«Promesso.»

Sua figlia le manda un mare di baci e Claire la ringrazia di nuovo dal profondo del cuore. Seguite alla lettera tutte le sue raccomandazioni, dopo meno di mezz'ora si abbandona a un sonno profondo e finalmente sereno.

12.

Nel vialetto dello studio di progettazione, Henriette vede Auguste uscire dall'edificio. Sta trasportando una grossa e pesante poltrona da ufficio. La scaglia imprecando sul ciglio della strada, dove va a far compagnia a due tavoli, tre lampade, una cassettiera e vari altri oggetti.

Henriette gli chiede cosa sta succedendo.

«Non hai ricevuto il mio messaggio?» Il tono è quello dei giorni storti.

Anche se può sembrare una follia, è da più di un'ora che Henriette non guarda il cellulare. Mentre era in metropolitana, è riuscita a immergersi nella lettura del suo libro. Per una volta niente digitale, un libro vero con le pagine di carta! Auguste chiarisce il mistero.

«In ufficio è scoppiata una tubatura! Che disastro! È tutto allagato...»

Gérard li raggiunge. «Ah, eccoti qui, Henriette! Be', siamo nel bel mezzo di un naufragio! Puoi tornartene a casa. Il danno è serio, il circuito elettrico è danneggiato, ci vorranno almeno due settimane per le riparazioni...»

Gérard sembra infastidito ma non disperato. Qualcun altro sarebbe potuto cadere nel catastrofismo, invece lui sa come affrontare gli imprevisti. Henriette ammira la sua calma, il temperamento saldo. Non si lascia destabilizzare facilmente. Sa come gestire le cose, pensa invidiosa.

«Come ci organizziamo?»

«Questo, piccola, sta a voi deciderlo!»

Gérard rientra. Henriette si ritrova faccia a faccia con Auguste. Nonostante il clima freddo, è tutto sudato. Quel trambusto non gli sta affatto bene; per essere efficiente al lavoro ha bisogno dei suoi punti di riferimento. Ora invece è tutto sottosopra. Non ha ancora potuto verificare se il materiale informatico è stato danneggiato.

«Lo studio è proprio impraticabile?» chiede ingenuamente Henriette.

«Sì, a meno che tu non ami molto l'umidità e non voglia disegnare i progetti con le dita sui muri!»

«Non arrabbiarti. Era tanto per dire...»

«In effetti, hai perso un'altra occasione per stare zitta.»

Ha pronunciato quel commento come se niente fosse, senza smettere di spostare i mobili salvati dal disastro. Lei non ribatte, ma è davvero ferita. Gira i tacchi e si allontana.

«Henriette? Dove vai? Torna indietro!»

Non si gira nemmeno. Auguste le grida di andare a farsi vedere da uno bravo.

«Buona fortuna! Ne avrai bisogno per trovare qualcun altro che riesca a sopportarti!»

Lui cerca di richiamarla, ma invano: scompare rapidamente dal suo campo visivo. Non si metterà certo a correrle dietro! Già stanco per quella giornata iniziata così male, si siede su uno sgabello, ma quello, in equilibrio precario, si sbilancia e Auguste si ribalta all'indietro. Riverso per terra, con il vestito coperto di fango, pronuncia un'imprecazione che non compare in nessun vocabolario.

«Questa mi mancava!» esclama Tony, uscendo con un panino in mano.

«È già l'ora della pausa?» ribatte Auguste senza nascondere il sarcasmo.

«Non bisogna lasciarsi abbattere, amico mio.»

«Mi aiuteresti a rialzarmi?»

Tony lo guarda come se avesse appena detto una sciocchezza e mostra il suo panino a mo' di scusa incontestabile. Certi giorni è inutile cercare di capire. L'allagamento costituisce un grosso problema. Tuttavia adesso Auguste ne ha uno ancora più grosso. Si chiama Henriette.

Nel pomeriggio, una volta delineati meglio i contorni del disastro, Auguste si isola per telefonare a Henriette. È nervoso, si chiede perché. Certo, è importante che la loro collaborazione funzioni al meglio. Ma quella ragazza è solo di passaggio. È lì per il tempo di un incarico, cosa che relativizza molto l'importanza del loro sfortunato screzio. Se dovessero lavorare insieme tutto l'anno, sarebbe un altro paio di maniche. Ma così... Basta smussare un po' gli angoli e la faccenda si risolverà. Dopotutto, stabilire un buon rapporto è irrilevante. Allora perché mai se la prende tanto a cuore? Anche se, a dire il vero, non è poi così strano: non vuole che la collega si faccia una cattiva opinione di lui. E questa mattina si è comportato davvero da stronzo. Solo stamattina? Auguste si sente male nel dover ammettere che, fin dal principio, è stato tutt'altro che accomodante con lei. Quel pensiero gli restituisce un'immagine di sé non proprio lusinghiera. All'inizio la vedeva come una minaccia. Sicuramente è per questo che era così sulla difensiva. Ma ora che l'ha conosciuta la apprezza sempre di più. La sua professionalità, la sua sensibilità... e quei dannati occhi azzurro piscina! Scaccia l'immagine dalla mente per tornare ai suoi compiti. Uno: chiamare. Due: farsi perdonare. Prende il telefono. Suona a lungo, poi lei risponde.

«Che cosa vuoi?»

Non sarà facile. La sua voce è tagliente come un machete.

«Per cominciare, voglio scusarmi per stamattina. Eravamo tutti nervosi e mi dispiace se è toccato a te...»

«Le tue scuse sembrano un po' raffazzonate! Non hai qualcosa di meglio in repertorio?»

Auguste rimane sorpreso ancora una volta dalla sua prontezza di spirito. Sente un piccolo fremito nel petto. È sorprendente quella fermezza in una persona che in certi momenti sembra non chiedere altro che restarsene in disparte, come una tartaruga chiusa nel suo guscio. Non vuole che lei se ne vada. Insomma, non subito. Non prima della fine del progetto, almeno!

«Te lo ripeto, mi dispiace. Come posso convincerti che sono sincero? Dimmelo e lo farò!»

Lei rimane qualche istante in silenzio, infine esala un sospiro che apre una porta alla riconciliazione. È sulla buona strada. Ora si tratta di affondare il colpo.

«Su, Henriette, voglio davvero rimediare...»

«Mmh... ci penserò...»

«Allora continuiamo a lavorare insieme?»

«Non so... forse...»

Non lo starà mica tenendo sulla corda. Ma è il mondo all'incontrario!

«Non mi metterò certo in ginocchio!»

Quell'esclamazione gli è venuta dal cuore. All'altro capo della linea, Henriette comincia a divertirsi. Lui invece si sta irritando. Non si aspettava di dover fare tanta fatica.

«Vedi che le idee ti vengono, se vuoi?»

«Henriette, per favore, abbrevia le mie sofferenze! Dimmi che torni in pista, su!»

«Va bene, d'accordo. Ma sappi che lo faccio solo perché tengo a Claire e non voglio deluderla. E a una condizione: la devi smettere di lanciarmi frecciate a ogni occasione.»

«Promesso.»

Finalmente l'atmosfera si distende.

«Però non sappiamo dove lavorare al progetto.»

Auguste riflette sulla questione sollevata da Henriette. Non ci sono tante alternative. Hanno bisogno di un posto tranquillo, con un computer e una macchinetta del caffè nelle vicinanze che permetta loro di tirare un po' di ore. Vede un'unica opzione.

«Possiamo lavorare a casa mia, o da te.»

Henriette non commenta. Gli ingranaggi del suo cervello stanno girando velocissimi. Valuta tutte le possibilità. Da lei, non se ne parla. Non si sente pronta a lasciarlo entrare così nella sua intimità. "Perché, andare a casa sua è meno intimo?"

In effetti, non è che cambi molto. In entrambi i casi sa che sarà vulnerabile.

«Henriette?»

Probabilmente il suo silenzio si è protratto troppo a lungo. Deve rispondere. A conti fatti, forse è meglio a casa di lui. "Non capisco i vantaggi", la punzecchia la strizza, pronta a intervenire appena una situazione ansiogena si profila all'orizzonte. Henriette stila rapidamente nella sua testa una lista degli argomenti a favore. È meglio perché non dovrà mettere in ordine prima del suo arrivo, preoccupandosi che lui inciampi in un paio di slip dimenticati in corridoio. Inoltre Auguste non vedrà la sua collezione di vinili datati... Ecco delle ottime ragioni.

«Benissimo, allora facciamo da te. Dimmi giorno e ora.»

Ha pronunciato quelle parole come se si stesse buttando in acqua, in fretta e senza pensare, prima di potersene pentire. Auguste sfodera un gran sorriso che lei non può vedere. È soddisfatto. Anzi, è contento. Molto contento. Il duo Henriette-Auguste riprende servizio. Non è forse questa la cosa più importante?

13.

Auguste le ha mandato l'indirizzo via messaggio. Abita in rue Lamarck, proprio dietro il cimitero di Montmartre. Henriette adora quel quartiere. Lamarck-Caulaincourt è un angolo alternativo, vivace e familiare, lontano dalla ressa dei turisti. Per fortuna, poi, non è troppo distante da casa sua. Henriette ha un piccolo appartamento in rue de Tocqueville nel diciassettesimo arrondissement, vicino a Parc Monceau. Per evitare di prendere i mezzi pubblici ha deciso di andare con una bicicletta a noleggio. Il traffico di Parigi le fa un po' paura, ma almeno è all'aria aperta e può fermarsi quando vuole. Le prime pedalate sono state difficili. Passa più tempo a leggere riviste di moda e architettura che ad allenarsi in palestra! Ma poco importa se le sue gambe sono un po' arrugginite... Le piace quella sensazione di libertà e anche l'idea di non essere rinchiusa come una sardina nella metropolitana. Quando parcheggia la bici vicino a casa di Auguste, è contenta di sé, leggermente ansimante e con le guance arrossate dal vento freddo di dicembre. Piccolo dettaglio: si è scordata di mettere i guanti e ha le dita congelate. Mentre cammina ci soffia sopra per scaldarle. L'indirizzo è quello di un bel palazzo in pietra chiara, a due passi dalla Villa des Arts. Che fortuna vivere lì! Auguste ha scritto: *In fondo al cortile, l'unico portone a pianterreno.* Non c'è campanello, solo un curioso battente di bronzo che rappresenta un'elegante mano femminile con un anello all'anulare o forse un sigillo. Bussa timidamente. Nessuno risponde. Batte tre colpi più forti, come a teatro. La porta si aprirà a mo' di sipario? E quale spettacolo andrà in scena questa mattina, a porte chiuse, tra lei e Auguste? Lui appare, con il viso sorridente e rilassato e un filo di barba. Niente completo elegante. Non l'aveva mai visto in abiti casual e sente un piccolo fremito nel petto. Indossa un paio di jeans e un maglione blu. I capelli sono un po' spettinati. Quella trascuratezza gli dona. Henriette ha letto una cosa, una volta, su come gestire le emozioni. È il metodo della coerenza cardiaca e consiste nell'inspirare ed espirare contando fino a cinque. Ora o mai più.

«Stai bene? Sembri senza fiato...»

Interrompe l'esercizio. Peccato, perché, un minuto dopo, mentre si guarda attorno, il respiro le manca di nuovo. Auguste abita in un magnifico loft. Il soggiorno è incredibile! Ha il soffitto altissimo, una vetrata e altre finestre che fanno entrare una luce davvero suggestiva. Henriette fa scivolare le scarpe sul parquet scuro che contrasta in modo gradevole con le pareti candide. In fondo, intravede la cucina. Bellissime piante verdi sul davanzale di una finestra riscaldano lo stile industriale. Alti sgabelli da bar di design circondano l'isola centrale. Ma, a pensarci bene, cosa non è di design lì dentro?

«Dammi pure le tue cose!»

Auguste quasi le strappa cappotto e borsa dalle mani e li posa sul divano di pelle. Di fronte ci sono due poltrone, una diversa dall'altra. Henriette si trattiene a stento dal tirare fuori il cellulare per fare delle foto all'arredamento. L'unico lato negativo della faccenda è che ora sa che non potrà mai invitare Auguste a casa sua. Non reggerebbe il confronto. "È normale", cerca di rassicurarsi. "È più vecchio e più esperto di te. Ha fatto carriera. Forse anche tu, tra qualche anno, potrai permetterti un posto del genere..." Ma quei tentativi di proteggere la sua autostima sono inutili.

«Vuoi un caffè?»

Sì che lo vuole. Cerca di assumere un tono disinvolto, come se fosse tutto naturale e lei non avesse un attacco d'ansia all'idea di trovarsi da sola con lui e di gestire quella vicinanza conturbante, oltre alla pressione di dover fingere. Di mostrarsi sicura di sé. Di presentarsi al meglio. Di avere risorse e prontezza di spirito. Insomma, di essere all'altezza. Henriette sa che se si impegnerà al massimo, mettendoci tutte le sue energie, sarà in grado di reggere per qualche ora. Ma sa anche qual è il prezzo da pagare. Quando se ne andrà da lì, sarà sfinita. A causa della sua ipersensibilità si scarica molto più in fretta delle altre persone, come la batteria di un telefono sfruttata troppo. Gli incontri con la gente la svuotano. Spera solo di non crollare davanti a lui. Per precauzione ha portato con sé un flacone di olio essenziale di menta piperita. Due gocce sotto la lingua di solito le danno una bella sferzata.

Si avvicina alla libreria e la sua attenzione è catturata da un volume dal titolo intrigante. *L'erbario erotico.* Non avrebbe mai pensato che Auguste potesse possedere un libro del genere. Riflette su quanto poco sappiano l'una dell'altro. L'idea di dissipare l'alone di mistero che circonda il suo personaggio non le dispiace affatto.

«*Storie e leggende delle piante afrodisiache.* Interessante...»

Lui posa sul tavolo due tazze di caffè bollente ed evita il suo sguardo. È forse arrossito? Ma dal tono di voce non traspare alcun turbamento quando risponde: «Sì, sulle piante ci sono un sacco di storie e leggende straordinarie...».

«Ah, davvero? Non lo sapevo. Sembra divertente, in ogni caso. Non avrei mai detto che potesse esistere un legame tra l'erotismo e la vegetazione...»

«Non hai idea.»

Questa volta la guarda dritto negli occhi e di nuovo tra loro si insinua una certa tensione. Lei si affretta a bere un sorso di caffè e cerca di mantenere il contegno.

«Attenta, è molto caldo.»

Troppo tardi, si è bruciata la lingua. Naturalmente non si lamenta. Non vuole sembrare sciocca.

«Cominciamo?»

È contenta che sia stato lui a prendere l'iniziativa. Non avrebbe la forza di dirigere le operazioni. Tira fuori il computer portatile e apre i suoi cataloghi di prodotti. C'è molto lavoro da fare con i fornitori.

Con la coda dell'occhio Auguste la guarda agitarsi. Da quando è arrivata, finge di essere distaccato, come se lasciarla entrare a casa sua non gli avesse fatto nessun effetto. Ma non è così. In realtà, quell'aspetto rilassato è frutto di una sapiente preparazione. Ha deciso di non radersi. Si è lavato i capelli con uno shampoo ammorbidente e li ha asciugati con l'aria tiepida per ottenere un effetto brillante. È stato a lungo indeciso se indossare jeans blu o neri. Quei sintomi sono significativi. È in allerta, lo sa. Le uniche donne che entrano lì dentro sono le sue conquiste, e loro non hanno il tempo di guardarsi molto intorno o di impregnarsi dello spirito del luogo. Con Henriette è diverso. Si dovranno rivedere nelle settimane a venire. Perché tutto vada per il verso giusto non sono ammessi passi falsi. Ha già sfiorato la catastrofe il giorno dell'allagamento, non può permettersi altri errori. Perché è ovvio che ha bisogno di lei per portare a termine quel progetto. Insieme hanno concepito idee ambiziose. Troppo, forse. Ora devono dimostrarsi all'altezza delle aspettative dei De Montlhéry. Auguste sa che quello è il suo biglietto per diventare socio di Eden Garden. Non vuole mollare su nulla.

Henriette sta sfogliando scrupolosamente i cataloghi dei prodotti. Anche Auguste si è messo all'opera, ma con la coda dell'occhio osserva ogni suo movimento senza farsi vedere. Lo colpisce il modo in cui lei si muove, spostando il peso da un gluteo all'altro sul divano o accavallando e sciogliendo le gambe. Gli ricorda i bambini che non riescono a stare fermi. Che strano abbigliamento, comunque, con i pantaloncini corti neri, quelle grosse scarpe e i calzini a righe portati su un paio di collant opachi... Il body nero a maniche lunghe è sobrio ma molto aderente. Distoglie gli occhi e incrocia quelli troppo azzurri di Henriette. Perché è agitato come uno scemo? Deve rompere il silenzio. Dire qualcosa, qualsiasi cosa.

«Hai trovato articoli interessanti per la cascata sonora?»

«Pazzesco che tu me lo chieda, stavo giusto guardando. Cosa ne pensi di questo?»

Ha messo dei Post-it colorati per contrassegnare le pagine e gli mostra le foto.

«Sulla carta è carino. Ma è difficile giudicare senza vederle e soprattutto senza sentirle! Se restiamo sull'idea di un giardino polisensoriale...»

«Hai ragione. Dovremmo andare in uno showroom. Me ne occupo io...»

Inizia a digitare sulla tastiera a una velocità impressionante. Per leggere indossa piccoli occhiali rotondi con la montatura nera. È come se qualcuno le avesse tracciato con un pennarello dalla punta grossa dei cerchi attorno agli occhi per assicurarsi che non passassero inosservati. Ma non c'è pericolo.

«Ecco fatto. Trovato!»

Gira lo schermo verso di lui per mostrargli la sua scoperta. È uno showroom eccezionale, o più precisamente un giardino espositivo all'aperto nel parco naturale della Vallée de Chevreuse.

«È nelle Yvelines, giusto?»

«Sì, a venticinque minuti dalla Défense. Sono tremila metri quadrati di esposizione. Potrebbe valere la pena di fare un salto, non credi?»

Auguste annuisce. "In movimento è meglio", si dice. Sarà meno imbarazzante di questo tête-à-tête. «Andiamo!»

«Come ci arriviamo?»

«Ci penso io, principessa! La carrozza ci aspetta...»

Con la macchina di Auguste raggiungono faticosamente il boulevard périphérique. Parigi è diventata un incubo per gli automobilisti, peggio del labirinto del Minotauro. Nemmeno i navigatori più sofisticati riescono a proporre un itinerario che permetta di sfuggire alla bestia nera degli ingorghi. Henriette, seduta rigida sul sedile del passeggero, controlla discretamente di avere in borsa la bottiglietta d'acqua. Il viaggio rischia di essere lungo. Il sollievo che aveva provato all'idea di uscire dallo spazio chiuso dell'appartamento è stato di breve durata; l'abitacolo della macchina è molto più claustrofobico. Da qualche momento uno stupido pensiero occupa la sua mente: assicurarsi che la mano di Auguste non sfiori, per errore, il suo ginocchio. Come le è venuto in mente di mettersi i pantaloncini corti?

«Possiamo ascoltare un po' di musica?»

Le loro dita premono simultaneamente il tasto dell'autoradio. Henriette ritrae la mano come se avesse preso la scossa. Un sottofondo musicale riempie il silenzio. Hanno già abbordato tutti i possibili argomenti di conversazione. Non possono certo mettersi a parlare di politica! Film, libri? Il problema, quando si superano le prime barriere dell'intimità, è che ci si trova davanti a una porta chiusa. Ci vuole coraggio per aprirla e avventurarsi oltre. Quell'animo ignoto somiglia a terre vergini di cui non si conoscono né i tesori né le zone paludose. Nessuno dei due osa fare questo passo: preferiscono rifugiarsi in un confortevole mutismo. Le domande personali sono un campo minato. Troppo rischioso. La famiglia? Un disastro assicurato. Il passato? Un vaso di Pandora pieno di racconti zeppi di pathos e ferite non ancora rimarginate. Da evitare. Quanto alla vita sentimentale, è fuori discussione. Sarebbe inappropriato e foriero di fraintendimenti. Sono condannati a parlare del più e del meno.

«Oh, si è messo a piovere!» constata Henriette, benedicendo il provvidenziale evento climatico che le permette di rompere quel silenzio imbarazzante.

E Auguste rincara, con lo stesso strano entusiasmo. «Sì, è incredibile come viene giù!».

Si scambiano un sorrisetto di complicità, consapevoli della banalità della conversazione ma incapaci di fare di meglio.

Emettono un'esclamazione di sollievo all'unisono quando finalmente vedono il cartello che indica l'ingresso al parco della Vallée.

Henriette salta fuori dalla macchina e fa un respiro profondo per liberarsi della tensione. Lontano dalla promiscuità forzata dell'abitacolo, ritrovano entrambi il loro brio. Il luogo è magnifico!

«Non dobbiamo distrarci», dice Auguste mentre si dirige verso il banco informazioni per farsi dare una mappa del sito.

«Ci sono un sacco di cose da vedere!»

«Esatto! Ti propongo di concentrarci solo sulle fontane, se non vogliamo dormire qui stanotte.»

Henriette non vuole nemmeno prendere in considerazione quell'eventualità. Tuttavia, come sempre accade quando si cerca di non pensare a qualcosa, l'immagine si disegna nitida nella sua mente. Già si vede bloccata nel parco con lui, a dormire sotto le stelle.

«Vieni? È di qua. Tutto bene? Sembri distratta.»

«No, tutto a posto, ti seguo...»

"Concentrati sul progetto", si ammonisce. Per fortuna, la sua attenzione viene presto catturata dagli impressionanti scenari creati in quello spazio eccezionale. Giardini da lasciare a bocca aperta: mediterranei, asiatici, classici o contemporanei. Ce n'è per tutti i gusti!

Presto raggiungono l'area dedicata alle fontane e alle cascate da giardino. Qui la protagonista è l'acqua, ispirante e rasserenante, magnificata da dispositivi di forme e materiali originali. Massi da cui zampillano i flutti, onde e giochi d'acqua... Henriette sembra rapita. Auguste ama la spontaneità con cui esprime le sue impressioni. Lo tira per la manica per condurlo di volta in volta vicino a ciascuna fontana.

«Sei pronto? Chiudi gli occhi. Ascoltiamo...»

Si ritrovano accovacciati, con gli occhi chiusi, ad assaporare la musica dell'acqua che, nella concezione del loro progetto, è diventata uno strumento paesaggistico. Henriette ha appoggiato una mano sull'avambraccio di Auguste. Lui solleva un po' una palpebra per sbirciarla: ha un'espressione rilassata e un sorriso sereno che le aleggia sulle labbra. Sembra incantata da quel suono regolare e tranquillizzante. Ma dopo un minuto già sta saltando come un capriolo verso una piccola cascata ovoidale molto originale. Di nuovo, si accovacciano per ascoltare.

«Questa è davvero interessante. Senti la frequenza? Com'è dolce! Mi piace da matti...»

«Posso aiutarvi?»
Henriette sobbalza e cade sul sedere. Il venditore si scusa per averla spaventata.
«Non l'ho sentita arrivare», si giustifica lei mentre cerca di alzarsi con dignità.
Il collega le tende la mano per aiutarla, ma la piega ironica della sua bocca la irrita.
«Ce la faccio da sola, grazie.»
Una volta in piedi, si spolvera i pantaloncini pieni di terra, poi si rivolge al venditore, cercando di recuperare il contegno.
«Vorremmo delle informazioni su questa fontana e anche sulla cascata laggiù, quella con la piramide di piccole coppe.»
«Sì, certo, ora vi dico tutto.»

Poco dopo si dirigono verso l'uscita con delle belle proposte per Claire. Henriette ha fretta di tornare a casa. Passare tante ore da sola con Auguste l'ha sfinita. Per fortuna, il traffico è più fluido in quella direzione. Lui ha riacceso la radio e il tergicristallo fa da metronomo. I minuti passano. D'un tratto il telefono di Henriette squilla.
«È Tony», dice a Auguste prima di mettere in vivavoce.
«Volevo avvisarvi che abbiamo un grosso problema per il cantiere dei De Montlhéry. Ho appena parlato con il nostro fornitore, che era in imbarazzo: quelle piante che avete previsto, be', non le ha!»
«Mi stai dicendo che...»
«Che siete nella merda, sì, esatto!»
È sempre così brusco, Tony! E sembra pure che la cosa lo diverta.
«Rido, ma è per il nervoso. Non prendertela, eh.»
«L'ho capito, Tony. Grazie per l'informazione. Vedremo cosa possiamo fare.»
«Figurati.»
Auguste ha spento la musica e un silenzio di piombo riempie l'abitacolo. Ma la capacità di affrontare le sfide fa

parte del lavoro. Lo spirito pratico di Auguste riemerge rapidamente. Pragmatico, guarda il navigatore e il tempo stimato per tornare in città.

«Abbiamo quarantotto minuti per trovare una soluzione alternativa.»

Henriette lo fissa a bocca aperta, incerta se ammirarlo per la sua calma determinazione o odiarlo per la pressione che le mette addosso in quel modo.

Lei, che si sente così stanca, dovrà chiamare a raccolta le ultime energie. Perché di sicuro i suoi neuroni saranno messi a dura prova...

14.

La frase cade come la lama di una ghigliottina.

«Mi sembra che ci sia solo una cosa da fare. Andare al vivaio di Pistoia.»

«Pistoia? E dov'è?»

Più che una domanda è un grido che viene dal profondo.

«In Italia, vicino a Firenze», risponde Auguste, come se fosse ovvio.

In un attimo, Henriette realizza la portata dell'epopea. Il tragitto fino all'aeroporto, il volo, l'hotel, il viaggio per raggiungere il vivaio e, soprattutto, la vicinanza continua con Auguste. Riacciuffata dalla sua sindrome da «troppofobia», le gira la testa. Si difende come può.

«Ah, no! Mi pare davvero esagerato. Dev'esserci un'altra soluzione...»

Auguste si gira verso di lei con uno sguardo interrogativo. Non capisce. Per lui è solo un viaggio come un altro. Un contrattempo, forse, ma non un problema. Come al solito, Henriette si sente terribilmente sola in quel momento, con la sua paura inconfessabile e l'impossibilità di aprirsi per timore di essere giudicata e fraintesa. Non può parlare delle sue preoccupazioni, tanto meno con Auguste. Vuole mostrarsi al meglio. Sì, si rende conto che l'opinione che ha di lei conta sempre di più. L'opinione professionale, ma anche personale. Come la percepisce? Suppone che gli piacciano le donne naturali, eleganti probabilmente. Difficile che il suo look alternativo, stravagante, con le calze a righe verticali, stile colonne di Buren, e le grosse scarpe, rientri nei gusti di un uomo come lui. A questo punto, l'unica cosa che importa a Henriette è salvare almeno le apparenze e non perdere il controllo in una situazione scomoda e pericolosa, come quel viaggio insieme in Italia. Il suo cervello, dopato dal panico crescente, lavora a pieno regime alla ricerca di una via d'uscita.

«Sentiamo Claire e proponiamole altre piante! Di sicuro i nostri fornitori avranno delle varietà che possono andare bene lo stesso. Cosa ne pensi?»

«Perché no, in effetti... La chiami tu?»

Henriette esegue e prega che il suo piano B funzioni. Quando Claire risponde, mette il vivavoce e spiega in poche parole la situazione. La cliente, di solito così affabile, non nasconde il suo disappunto. È delusa. Molto delusa. Henriette inizia a presentare alternative vegetali disponibili, ma sente che non la sta convincendo. Con il passare dei minuti, si impantana. Claire taglia corto.

«Se ho apprezzato e scelto le piante che mi avete proposto, è proprio perché sono rare e non si trovano ovunque! Quelle disponibili sono più comuni, anche se somigliano un po' alle altre. È la stessa differenza che c'è tra una borsa di marca e una contraffatta, capisce?»

Henriette deglutisce, con un groppo in gola. È a corto di argomenti. Fa un ultimo tentativo.

«Ha ragione, Claire. Ma ha pensato ai costi aggiuntivi che comporterebbe un viaggio in Italia, mentre in Francia potremmo rifornirci così facilmente...?»

La cliente risponde d'impulso, senza nemmeno riflettere: «Non importa! Voglio il meglio per il mio giardino esotico, anche se doveste andare a Timbuctu!».

Auguste sorride. «Adoro il suo senso dell'umorismo!»

Henriette non può dire altrettanto. Ha la gola stretta e non le serve sentire una sola parola in più per capire che il suo destino è segnato: dovrà andare in Italia.

Una volta tornata a casa, quel pensiero la ossessiona e non riesce a liberarsi dell'ansia. Ha bisogno di parlarne con qualcuno. Nel momento stesso in cui prende il telefono per chiamare sua madre, sa già che è un errore. Dopo uno scambio di convenevoli, Henriette tenta di introdurre l'argomento del viaggio che la inquieta tanto e, come al solito, la madre minimizza, deridendo la sua paura.

«Non capisco. Che cosa ti spaventa esattamente? Sai, a Firenze non ci sono né coccodrilli né tarantole!» dice, scoppiando in una risata che ferisce l'amor proprio di Henriette. «Dovresti essere contenta di avere un'opportunità del genere!»

Poi torna a parlare di sé, come sempre.

«Ricordo di esserci stata per un convegno... Ho passato momenti indimenticabili!»

«Vuoi dire... mentre io ero a casa con papà?» ribatte Henriette, con una punta di rancore che non sfugge a sua madre.

«Perché devi sempre essere sgradevole?» Si raschia la gola, contrariata, poi taglia corto. «Be', ora devo lasciarti, sono invitata a un vernissage... Ci si sente al tuo ritorno?»

«Sì, va bene. Ci si sente.»

Quella formula impersonale si adatta alla perfezione al loro rapporto. Henriette riattacca, con il cuore pesante. La madre non le dice mai una parola rassicurante. È come se si vergognasse della sua natura sensibile. Il pensiero le causa un sussulto di rabbia salvifica. Farà quel viaggio, costi quel che costi. Non per sua madre. Non per i suoi clienti. Lo farà per sé stessa. Per dimostrare che ne è capace.

Henriette stringe forte il manico del piccolo bagaglio a mano. Pesa solo otto chili, ma le ci sono volute tre ore e mezzo per decidere cosa metterci dentro. E tutto per un viaggio di meno di quarantotto ore. Benvenuti nel mondo di Henriette! Scorge Auguste che agita le carte d'imbarco in lontananza per attirare la sua attenzione. L'arrivo a Firenze è previsto per le 18.15. Lui sembra rilassato, come se stesse andando in vacanza, con gli occhiali da sole sulla testa. Per lei, invece, quella toccata e fuga assume i contorni di una prova iniziatica. Ma di certo Auguste non se ne accorgerà: starà ben attenta a non tradirsi. Dopotutto, se deve andare in Italia, tanto vale adottare le pratiche della commedia dell'arte: Henriette ha già indossato la sua maschera di «persona normale» che affronta quel tipo di situazione in scioltezza. In ogni caso, le loro mani non si toccheranno, quindi è tutto a posto. Auguste non sentirà quanto le sue siano sudate.

Ha girato a vuoto tutto il giorno, senza riuscire a trovare il modo di far passare il tempo in attesa della partenza. Da tre notti dorme male al pensiero del viaggio. La sua mente è maestra nell'ansia anticipatoria. Lo trova sfiancante. Perciò è già in debito di sonno: in altre parole, un grave handicap per affrontare la sfida che l'attende. Auguste illustra la tabella di marcia, con il programma in mano.

«Appena arrivati andiamo all'agenzia di noleggio auto. Ho prenotato una Fiat 500. È simpatica, no?»

«Fantastico!» esclama Henriette con un tono falsamente entusiasta.

«Poi all'hotel per il check-in e per depositare i bagagli.»

«Perfetto!» dice lei, con un sorriso rigido da automa.

«E domani, subito dopo colazione, partiamo per Pistoia! Non sei mai stata in quel vivaio?»

«No, mai...» risponde Henriette con voce flebile.

«Vedrai, è straordinario. Hanno infinite varietà di piante! Però non ti nascondo che è un po' impegnativo dal punto di vista fisico...»

Lo dice con aria distaccata, e Henriette sente lo stomaco annodarsi. Riuscirà a tenere botta?

15.

Il viaggio è durato solo un'ora e quarantacinque minuti. Peccato che nella dimensione spazio-temporale di un'ansiosa afflitta dalla paura di volare equivalga al quintuplo. È un fenomeno abbastanza simile a quello della temperatura reale rispetto alla percepita. Quando scende dall'aereo, Henriette ha l'impressione di averci passato dieci ore. Essendo gennaio, il cielo era particolarmente nuvoloso e, a tratti, tiravano forti raffiche di vento. Di conseguenza si sono verificate spaventose turbolenze.

«Va tutto bene, Henriette? Sei un po' pallida.»

«Sì, sì, bene. Scusami, faccio una sosta prima di andare all'autonoleggio.»

Si precipita verso i bagni dell'aeroporto e si chiude in una delle cabine. Ha appena il tempo di sollevare la tavoletta prima di essere colta da un conato di vomito. Con lo stomaco sottosopra, cerca di darsi una rinfrescata e di ingannare le apparenze con del blush e un velo di rossetto.

Auguste aspetta fuori. Controlla ancora una volta i documenti per la prenotazione dell'auto a noleggio. Si preoccupa sempre che tutto proceda secondo i piani. Il volo è andato bene, fatta eccezione per quelle maledette turbolenze! Henriette si è spaventata e d'istinto gli ha stretto il braccio. Per fortuna l'ha anticipato, altrimenti sarebbe stato lui a prenderle la mano. È terrorizzato delle scosse in aereo, ma si sarebbe sentito parecchio in imbarazzo se lei se ne fosse accorta. La vede uscire dal bagno. Sembra stare meglio. Ha ripreso colore.

«Scusami, sono un po' scombussolata. L'aereo mi fa sempre questo effetto.»

Lui ride per metterla a suo agio. «Anche a me, non preoccuparti. Beviamo un'acqua tonica, ti rimetterà in sesto.»

E in effetti, poco dopo, grazie alla bibita miracolosa Henriette si sente rinvigorita. Mentre viaggiano a bordo della piccola Fiat 500, vede l'aeroporto di Peretola allontanarsi. La notte scende in fretta. L'albergo è nel pieno centro della città. Firenze si svela, rischiarata dai suoi ornamenti luminosi, come una sublime cantante lirica alla prima di un'opera. Henriette rimane senza fiato. Tuttavia è ansiosa di arrivare per potersi finalmente rilassare. Non pensa ad altro. Fortunatamente non ci mettono molto a raggiungere l'hotel Botticelli.

«È il mio pittore preferito del rinascimento italiano!» esclama Auguste.

«Anche il mio! Sai da dove si pensa che venga il soprannome Botticelli?»

«No, dimmelo tu.»

«Dalla professione di suo fratello, un orefice, presso la cui bottega il pittore ha fatto un tirocinio. Probabilmente sono state le sue prime esperienze nell'oreficeria che gli hanno permesso di acquisire una così grande precisione nel disegno.»

«Hai studiato storia dell'arte?»

«Sì, ho seguito dei corsi alla facoltà di architettura. Mi appassionavano.»

«Allora l'Italia deve piacerti tantissimo... è così ricca di tesori!»

«Ah, sì, ma certo!» esclama lei, per mascherare l'imbarazzo.

Come confessargli che in realtà è la prima volta che ci viene, tanto le costa affrontare ogni viaggio...

All'hotel il portiere li indirizza verso il banco dell'accoglienza per il check-in. Henriette è sedotta dal fascino del piccolo salotto. Gli occhi intuiscono già la morbidezza del divano e delle poltrone. Le piace anche l'eleganza dei rivestimenti verde salvia a larghe strisce dorate. Si sofferma sugli altri ornamenti mentre Auguste parla con la receptionist.

Torna da lei brandendo le chiavi. «Ecco qua! La 202 per te, la 212 per me.»

Prendono l'ascensore fino al secondo piano. La stanza 212 è situata nel corridoio a sinistra e la 202 in quello a destra.

«Ci vediamo giù tra cinque minuti?»

Henriette nasconde come può il suo disappunto. «Come, tra cinque minuti?»

Lui la guarda interdetto. «Be', andiamo a cena in città stasera, no? Sarebbe un peccato non approfittarne, siamo a due passi dal quartiere più bello di Firenze!»

Henriette soffoca la contrarietà schiarendosi la voce. Il suo sogno di cenare in camera sotto un caldo piumone si allontana. Comincia a capire che non ci sarà un solo momento di riposo in quel viaggio di lavoro.

«Okay», acconsente a fior di labbra.

Avrà appena il tempo di depositare il bagaglio. Piccola consolazione: la camera è molto graziosa e sembra davvero confortevole. Una riproduzione della *Venere* di Botticelli troneggia sopra il letto. Una trave a vista di legno scuro e tende chiare alla finestra con l'inglesina che affaccia sul cortile. Avrebbe solo voglia di buttarsi sul letto, appallottolarsi come una bestiolina e addormentarsi.

Invece si limita a rinfrescarsi e raggiunge Auguste nella hall.

«Pronta per una passeggiata, bella signorina?» le chiede lui in italiano.

«Conosci la lingua?»

Auguste scoppia a ridere. «No, ho letto la frase nella mia guida turistica!»

«E cosa vuol dire?»

Auguste traduce e le porge il braccio. Lei esita un attimo, poi si lancia, come se si stesse tuffando in acqua. I loro passi risuonano sui ciottoli di via della Stufa. L'aria è mite per il mese di gennaio.

«Dove mi porti?»

«Lo vedrai», risponde lui con un irritante tono enigmatico.

Henriette cerca di mantenere un atteggiamento positivo, ma la sua natura ansiosa prende il sopravvento. Non può fare a meno di chiedersi dove stiano andando e quanto durerà quell'escursione notturna. Si sente già così stanca. Tuttavia deve ammettere che ogni angolo di strada è affascinante. Ovunque posi lo sguardo, c'è bellezza a cielo aperto. E, all'improvviso, girato l'angolo, il duomo!

La famosa cupola rossa della cattedrale di Santa Maria del Fiore, precisa Auguste, felice di vederla rapita.

«È grandioso!»

«Vedi che hai fatto bene a venire?» la provoca lui scherzando.

Lei borbotta qualcosa, ma in effetti è contenta. Sa che ogni volta che esce dalla sua zona di conforto ne trae beneficio.

Dopo alcuni momenti di stupore e raccoglimento all'interno del maestoso edificio, Auguste la trascina verso piazza della Repubblica, il centro della città ai tempi dell'Impero romano.

«Oh, la giostra! È magnifica! Adoro questi cavalli di legno vecchio stile!»

«Facciamo un giro?»

«Sei pazzo?»

«Forse... Allora?»

Quest'uomo ha la capacità di farla uscire dal suo guscio.

«Va bene.»

Durante il giro in giostra non fa che ridere. Sarà per la musica avvolgente, o forse per gli sguardi di Auguste, sfocati e quasi irreali mentre quell'attrazione da fiera si muove, ma Henriette si sente un po' ubriaca. Quando scende dal suo cavallo di legno, quasi senza accorgersene si aggrappa a lui. Le gira la testa. Auguste la sostiene, con un sorriso irresistibile sulle labbra.

«Tutto bene?»

Gli risponde di sì in modo automatico. In realtà si sente

meglio di quanto avrebbe mai creduto. Stupita, si rende conto che si sta divertendo, nonostante la stanchezza.

«Allora proseguiamo il tour», esclama gioiosamente lui. «Vieni!»

La prende per mano e la porta fino a una strana scultura di bronzo. Un cinghiale!

«È la fontana del Porcellino. Qui c'è una tradizione», spiega mentre si fruga nelle tasche.

"Che cosa sta facendo?" si domanda Henriette con le sopracciglia aggrottate.

La risposta arriva un attimo dopo.

«Devi strofinargli il naso. Sì, sì, proprio così! Poi devi mettergli una moneta nella bocca ed esprimere un desiderio quando cade nella grata. Se la moneta passa attraverso le fessure, il tuo desiderio si avvererà...»

«Bah... Io non ci credo a queste cose.»

«Dai, miss Guastafeste! Stai al gioco!»

Henriette prende la moneta che Auguste le porge. Strofina il muso della statua, inserisce la moneta e...

«Oh! È passata attraverso la grata!»

Auguste ride di gusto accanto a lei. «Allora il tuo desiderio si avvererà. Cos'hai chiesto?»

«Non crederai davvero che te lo dica!»

«Troverò il modo di farti parlare!»

«Ah, sì?»

Si prendono bonariamente in giro in questo modo mentre passeggiano. Henriette pensa al suo desiderio. Sentirsi sempre libera e felice come in questo momento, alleggerita dalle paure che la seguono come un'ombra e le rovinano tanto spesso le giornate... Auguste richiama la sua attenzione sulla splendida collezione di statue nella Loggia dei Lanzi. Meritano di essere osservate da vicino: a Firenze, l'arte ha indagato anche i lati oscuri dell'esistenza. Lo testimonia la scultura, alta oltre quattro metri, del *Ratto delle Sabine*: la violenza di un momento storico drammatico, quando Romolo, fondatore e primo re di Roma, ordinò il rapimento delle donne dei vicini sabini affinché i romani potessero mettere al mondo dei figli. Sconvolgente e impressionante.

«Non lascia indifferenti, vero?»
«Per niente...» sussurra Henriette, colpita.
«Avrai fame!»
Lei ha perso la cognizione del tempo. Le dieci di sera? Sì, è una buona idea mettere qualcosa nello stomaco se non vuole svenire davanti a lui.
«Ti porto in una trattoria tipica, vedrai, è carina...»
"Purché non sia a chilometri di distanza", pensa Henriette preoccupata. Sente la stanchezza impossessarsi di nuovo del suo corpo e il sangue defluirle dalle guance. Arrivano davanti a un piccolo ristorante dall'aspetto modesto. L'Osteria Nuvoli. "Oh, cavolo!" commenta lei tra sé e sé, in preda all'ansia per quello che mangerà lì dentro...
«Vieni?»
Scendono al piano interrato. Henriette si lascia guidare, con un po' di apprensione. Un cameriere li fa accomodare a un tavolo di legno rustico. Lei si guarda attorno e respira. Quel posto ha un grande fascino. Le piacciono le pareti in pietra, le vecchie pentole appese, l'atmosfera conviviale in cui risuonano le conversazioni nella lingua musicale delle persone del posto.
«Vuoi lasciarti sorprendere? Ti propongo di condividere i piatti, così potrai assaggiare più cose.»
Per antipasto gustano dei crostini (con spinaci, fegatini di pollo, salsiccia e pomodori). Poi si scambiano qualche forchettata dei rispettivi piatti. Lei, ravioli ricotta e spinaci con pomodoro fresco, lui, trippa alla fiorentina.
«Mmh... È davvero squisita!»
Auguste ride soddisfatto. Henriette ha ripreso colore. Il chianti le ha fatto bene. Sulla strada del ritorno verso l'albergo, lei si aggrappa al suo braccio. Gli piace la sensazione di sentirla appoggiata a sé. Sono entrambi un po' alticci. Serberanno a lungo il ricordo di quella taverna pittoresca e dell'inusuale bella serata trascorsa durante un viaggio di lavoro.
«A domani», le dice Auguste dopo averla accompagnata alla sua camera.
«A domani.»

Le sarebbe piaciuto ringraziarlo per la serata, per quel momento, ma non ha trovato le parole. Si rifugia nella sua stanza. "Finalmente!" pensa. Poco dopo, sdraiata al buio, fatica a prendere sonno. L'adrenalina per le sensazioni intense che ha provato ha pervaso il suo corpo e la sua mente; impiegherà diverse ore a smaltirla. Si agita, si innervosisce, senza riuscire a addormentarsi... In che stato sarà l'indomani?

Si incontrano per fare colazione alle 8.30. Per Henriette praticamente è l'alba. Non vuole mostrare gli occhi gonfi per la notte in bianco, così indossa gli occhiali da sole.

«Fai la star?» la prende in giro Auguste.

«Molto divertente!» commenta lei, con il naso immerso nella tazza di caffè che stringe tra le mani.

Come si aspettava, ha dormito pochissimo. Quella serata, e poi il letto sconosciuto in un paese sconosciuto... con un quasi sconosciuto! Ora dovrà tenere duro.

«Perché non mangi qualcosa? Sarà una lunga giornata.»

«Non ho fame.»

Auguste si stringe nelle spalle come per dire: "Fa' come vuoi". Lui sta consumando una colazione abbondante: frittata, prosciutto cotto e crudo, toast, formaggio... Henriette fa una smorfia, come se il cibo la disgustasse, e lui assume un'espressione ancora più deliziata, quasi provasse gusto nel vederla brontolare. In verità è carina con quell'aspetto da gatto randagio abbandonato che tira fuori gli artigli quando si cerca di avvicinarlo... Auguste scuote la testa per scacciare il pensiero e si alza. È giunto il momento di partire.

«Di già?» Henriette avrebbe tanto voluto bere altri due o tre caffè.

«Ci aspetta un po' di strada ed entro oggi dobbiamo fare tutto!»

Si dirige verso l'auto. Henriette prima deve assolutamente andare in bagno! La sua pipì nervosa la tormenta soprattutto prima di un viaggio, perché teme di non potersi fermare.

«Arrivo subito!» si scusa andando verso le toilette.

"Ah, le donne!" pensa Auguste mentre accende il navigatore. Digita «via del Girone».

Henriette lo raggiunge un po' affannata. Deve aver cercato di sbrigarsi.

«Pronti, via!» esclama lui.

"Almeno uno dei due è entusiasta", si dice lei, già stanca ancor prima di iniziare il viaggio. I minuti passano senza che scambino una parola. Henriette ammira in silenzio l'abilità con cui Auguste guida in un paese straniero. Lei non se la sentirebbe di farlo. Anche solo uscire da Firenze è complicato. I nomi delle strade si susseguono. Lungarno Anna Maria Luisa de' Medici, lungarno degli Archibusieri, piazza del Pesce, ponte Santa Trinita, piazza Goldoni, via Il Prato, via Pietro Toselli, via Anton Francesco Doni, via di Novoli, viale Alessandro Guidoni... Arriveranno mai all'autostrada? Finalmente imboccano la A11. Auguste guida alla massima velocità consentita, centotrenta chilometri orari. Henriette ha paura della velocità. Le sembra di essere scaraventata in avanti, come se l'auto divorasse la strada oltre il parabrezza. Senza accorgersene si aggrappa al sedile. Ha la bocca secca. Ed ecco che un'auto si incolla letteralmente al loro paraurti! Auguste lancia sguardi apprensivi allo specchietto retrovisore. Non può rientrare nella corsia di destra perché vede una moto spuntare dall'angolo cieco. L'altra macchina continua a stargli appiccicata per costringerlo a spostarsi.

«Ma che vuole quello? Ha guardato troppe volte *Fast and Furious*, o cosa?»

La battuta di Henriette suona forzata. Se Auguste la conoscesse meglio, percepirebbe il tremore nella sua voce. Quando finalmente lui riesce a cambiare corsia, l'auto li supera a razzo, ignorando bellamente il limite di velocità.

Auguste si schiarisce la voce e stringe forte il volante, come un pilota, con le mani alle dieci e dieci. Se deve essere sincero, quel pazzo lo ha spaventato. Sente Maverick tutto rannicchiato tra le gambe. Per una frazione di secondo si immagina con il giubbotto da aviatore di Tom Cruise, nei panni del pilota d'eccezione. Quel pensiero lo diverte e lo ringalluzzisce.

Poi chiede a Henriette di passargli la bottiglia d'acqua per bere un sorso. Grazie al cielo, il resto del viaggio si svolge senza problemi e, chilometro dopo chilometro, i paesaggi della Toscana svelano tutta la loro bellezza. A un certo punto scorgono le indicazioni per il vivaio.

Quando Auguste parcheggia la Fiat 500 e spegne il motore, tutti e due mormorano una preghiera di ringraziamento. Lui perché ce l'ha fatta a portarli a destinazione; lei perché ha superato la prima tappa. Il vivaio si estende a perdita d'occhio. La prima impressione è incantevole.

«Eccoci qua. Forza e coraggio!»

Auguste sfoggia il sorriso di un avventuriero in procinto di partire alla ricerca di un tesoro nascosto. C'è sempre una bella ragazza accanto agli eroi, ma Henriette dubita di avere le qualità giuste. A ogni modo, raddrizza il mento per darsi un contegno.

«Avanti tutta, ciurma!»

Si morde il labbro, pentendosi di aver usato quell'espressione idiota. Lui sorride. Lo intenerisce che si mostri così coraggiosa di fronte alla prova che li attende. Perché lui, le giornate al vivaio, le conosce! E sa che non sono una passeggiata...

16.

Negli uffici parigini, Gérard convoca Tony e Kenzo. Alle pareti sono appesi due grandi pannelli: uno verde su cui sono annotati i lavori in fase di progettazione e uno giallo per quelli in fase di realizzazione. È compito di Tony formare le squadre e distribuire gli uomini sul campo. Gli operai sono tutti assunti a tempo indeterminato, cosa indispensabile in quel mestiere. Sarebbe impensabile formare la manodopera per ogni nuovo cantiere! E poi, come non manca mai di dire Tony: «Squadra che vince non si cambia!».

«Entrate, ragazzi! Sedetevi. Tony, ti dispiace finire il tuo *pain au chocolat* dopo la riunione?»

«Scusate, non ho avuto tempo di fare colazione», risponde lui, a bocca piena.

Ha briciole sparpagliate sul maglione con la zip teso sull'addome rotondo.

«Che ci volete fare, mi devo nutrire! Non sono mica come Kenzo, che ha il fisico di un gamberetto! Ah, ah, ah!»

«Smettila!» si spazientisce Kenzo, pur essendo abituato alle prese in giro. È come se lanciarsi frecciatine fosse indispensabile per instaurare un'atmosfera di cameratismo.

Gérard conosce benissimo Tony e non gli dà peso. Se cominciasse a immischiarsi nei bisticci dei suoi uomini, non finirebbe più. Inoltre, sa che a stomaco vuoto Tony non si concentra. L'altro perciò continua a mangiare il *pain au chocolat* come farebbe uno scoiattolo affamato appena uscito dal letargo.

«Bene», attacca Gérard, ignorando il rumore delle sue

mascelle. «Vi ho riuniti questa mattina per avviare il cantiere dei De Montlhéry.»

Tony infila quel che resta del *pain au chocolat* nel sacchetto, improvvisamente vigile.

Gérard continua: «Dobbiamo avviare tutta la parte strutturale, non c'è bisogno che ve lo spieghi. Preparare il terreno, scavare una buca per il lago, costruire la terrazza dove metteremo la pergola... Tony, conto su di te per formare le squadre, e su di te, Kenzo, per gestire i rapporti tra i vari attori in campo. Capito?».

«Capito», risponde Kenzo all'istante.

Tony non dice nulla e rimane con gli occhi persi nel vuoto. Gérard lo richiama all'ordine.

«Ehi, Tony. Sei tra noi?»

Lui esce dal suo torpore. Qualcosa sembra turbarlo, Kenzo se ne accorge. Il capo invece non ha tempo di soffermarsi. Si limita a informare i presenti che chiamerà lui stesso Claire de Montlhéry per comunicarle le scadenze, poi scioglie la riunione. Tony e Kenzo si ritrovano nel corridoio. Con un gesto automatico Kenzo tira fuori dalla tasca il pacchetto di tabacco ed esce per rollarsi una sigaretta. Tony lo imita e fumano per qualche istante in silenzio. Tony è perso nei suoi pensieri. Sapeva che quel momento sarebbe arrivato e si sarebbe ritrovato con le spalle al muro. È lacerato da un conflitto interiore. Come potrà gestire quel cantiere se non riesce nemmeno a scendere dal furgone per paura di imbattersi in quegli orribili chihuahua? Bisognerebbe tenerli rinchiusi per tutto il tempo, ma come spiegarlo alla padrona di casa senza offenderla? E soprattutto senza ammettere la sua ridicola paura di quei cani minuscoli? "Su, parlane con Kenzo! Ma neanche per sogno!" si ribella Tony tra sé e sé. Al solo pensiero che il collega a cui è più legato possa venire a saperlo gli vengono i sudori freddi. Quell'idiota sarebbe capace di prenderlo per i fondelli. Quando lo chiama «idiota», non lo fa per cattiveria. Il suo è cameratismo. "Chi si vuole bene si punzecchia." E in questo con Kenzo Tony non perde mai un'occasione... È forse colpa sua se l'altro si irrita tanto facilmente, ottenendo così l'effetto di rendere irresistibile la tentazione di fare una battuta? Al momento però è Tony a non sentirsi troppo a suo agio. Gli basta immaginare quelle piccole zampette piene di artigli, le labbruzze, i denti minacciosi e i ringhi spaventosi delle bestioline per andare nel panico. Deve agire, e in fretta!

«Senti, Kenzo, stavo pensando una cosa... Sai, i cani dei De Montlhéry non ci daranno noia sul cantiere?»

«Non lo so. Non credo... Ma che domande ti fai?»

Tony si schiarisce la voce. È molto a disagio nell'insistere. «Be', è importante, se li abbiamo tra i piedi tutto il giorno! E se tu chiedessi alla signora di tenerli chiusi da qualche parte mentre lavoriamo?»

«Perché dovrei farlo io? Occupatene tu!»

Tony sa che sta pagando lo scotto per tutte le volte che ha preso in giro Kenzo.

«Okay! Lo dico perché sei più bravo di me a parlare con le signore. Sei più diplomatico.»

«Non sprecare fiato. Puoi cavartela da solo», ribatte l'altro, beffardo, prima di allontanarsi.

Tony odia parlare al telefono e in questo caso gli pesa ancora di più perché deve parlare di quei chihuahua che gli fanno orrore. Ci vogliono diversi minuti prima che si decida a prendere in mano il cellulare. Lei risponde subito.

«Buongiorno, signora De Montlhéry! Come sta?»

«Con chi parlo?» chiede Claire con voce secca.

Ogni volta dimentica di presentarsi. È un disastro nelle relazioni con i clienti. «Mi scusi, sono Tony, il capocantiere di Eden Garden.»

«Ah, sì! Come posso aiutarla?»

«Ehm, volevo dirle una cosa a proposito dei suoi cani, signora... Sa, un cantiere è pericoloso per degli animaletti così piccoli. Pensavo che forse sarebbe più prudente tenerli chiusi in casa mentre lavoriamo con le macchine, per evitare incidenti...»

«È molto gentile a preoccuparsi per loro! La ringrazio.

Sì, ha ragione, li terrò in casa quando utilizzerete le vostre attrezzature.»

«Grazie, signora. Grazie mille. Già che ci siamo, le va bene se veniamo giovedì per il sopralluogo e la delimitazione?»

«Perfetto.»

Tony non riesce a credere che sia andato tutto così liscio e mentre riattacca prova un immenso sollievo. Non dovrà affrontare quei mostriciattoli zannuti che tanto lo avevano terrorizzato da bambino...

Tony e Kenzo hanno già caricato l'attrezzatura nel furgone. È stata un'operazione veloce. Sono più che rodati. Per scrupolo, Tony controlla un'ultima volta la lista. Mentre la legge ad alta voce, Kenzo guarda all'interno del veicolo. Sono una coppia collaudata.

«Picchetti?»

«Presi.»

«Paletti di sicurezza?»

«Presi.»

«Barriere di protezione?»

«Prese.»

«Passacavi?»

«Presi.»

Hanno tutto ciò che serve per garantire l'incolumità degli operai, degli abitanti della casa e dei vicini. Un cantiere è pur sempre una zona pericolosa: non si può transigere sulle norme di sicurezza. Si mettono in viaggio. Kenzo accende l'autoradio e inizia a fischiettare. L'atmosfera è rilassata. Tony si sente così leggero da quando è riuscito a chiarire le cose con la proprietaria! Gli piace il suo lavoro. Altri potrebbero trovare sgradevole passare la vita con le mani nella terra. A lui, invece, è proprio questo che piace. Possibile che abbia a che vedere con la sua vecchia passione per la sabbiera? Chissà... Secondo sua madre da piccolo adorava fare pastrocchi.

Lisciare, mescolare, schizzare... Gli piaceva costruire strade e castelli con ciò che gli capitava sottomano e che la natura gli metteva a disposizione: sabbia, rametti, sassi, foglie, acqua. Gli dava soddisfazione soprattutto sentire la consistenza al tatto dei materiali con cui creava: liquidi o solidi, lisci o granulosi. Era una gioia guardare e sentire quelle sostanze prendere vita tra le sue dita.

«Sembri pensieroso», gli dice Kenzo lanciandogli uno sguardo divertito di sottecchi.

«No, non lo sono, ho solo bisogno di un caffè», risponde Tony.

Anche se lavora con Kenzo da anni, non gli verrebbe mai in mente di condividere con lui un aneddoto intimo. La verità è che Tony non si apre con nessuno. Perché farlo, del resto?

«Se devi solo dar aria alla bocca, meglio stare zitto!» Quante volte ha sentito suo padre dire quella frase. E allora Tony riservava le parole agli scopi pratici: le informazioni utili per il lavoro o per le necessità di tutti i giorni. Soprattutto per il sostentamento.

Si avvicinano alla tenuta dei De Montlhéry. Kenzo parcheggia il furgone e scende subito per iniziare a scaricare.

«Vieni a darmi una mano, o cosa?»

«Aspetta! Mi faccio una sigaretta e arrivo.»

La rolla, se la mette in bocca, la accende all'antica, con un fiammifero, poi raggiunge Kenzo.

«Alla buon'ora!»

«Dai, non lamentarti, cocco bello!»

Scoppia a ridere vedendo la faccia seccata del suo giovane collega, ma d'un tratto sente degli abbai. Il sangue gli si gela nelle vene. I chihuahua sfrecciano a tutta velocità verso di loro e Tony non riesce a trattenere un grido ancestrale: «Mamma!».

Kenzo lo guarda con un'aria strana. «Tony? Tutto okay?»

Segue una scena da antologia. Tony, terrorizzato, gira intorno al furgone, inseguito dai cagnolini che fanno un frastuono assordante. Kenzo non capisce che cosa sta succedendo. Com'è possibile che quel pezzo d'uomo, quel gigante, quel molosso che sembra non avere mai paura di nulla perda la testa di fronte a quei minuscoli cagnolini schiamazzanti?

«Mamma! Mamma!» continua a gridare angosciato Tony mentre sfugge ai suoi inseguitori. «Fa' qualcosa, Kenzo!»

Messaggio recepito. In un attimo Kenzo apre la portiera del furgone e spinge dentro Tony per metterlo al sicuro. Poi va a sedersi accanto a lui. Quando chiude la portiera, nel confortevole abitacolo l'abbaiare dei cani che circondano il veicolo giunge attutito. Kenzo guarda Tony in silenzio, in attesa di una spiegazione. Il suo collega si sfrega le mani con nervosismo e ha la fronte imperlata di sudore nonostante il freddo. Il terrore non ha ancora abbandonato i suoi occhi.

«Avanti, dai, puoi prendermi in giro, sei autorizzato...»

«Perché dovrei?»

«Perché sono terrorizzato da quei minuscoli cani ridicoli e, se gli altri vengono a saperlo, diventerò lo zimbello di tutta la squadra...»

«Questo è vero», concorda Kenzo, un po' ironico.

«Ah, ecco! Ti vendicherai ora?»

«In effetti potrei, considerate tutte le volte in cui mi hai trattato come un idiota!»

«Mi dispiace, Kenzo! So che è difficile da credere, ma è perché ti voglio bene che ti prendo in giro. Mi dispiace se ci sei rimasto male.»

Kenzo resta colpito dalla sincerità nelle parole del collega sconvolto. «Okay, ti credo. Se mi assicuri che non lo farai più, ci metto una pietra sopra.»

«Promesso! E per i chihuahua? Non dirai niente, vero?»

Kenzo rimane in silenzio per qualche secondo, in parte per gustarsi la vittoria, va detto, e in parte per riflettere su un accordo vantaggioso. Non è mica scemo. Ha imparato presto come va la vita. «D'accordo, ti aiuto. Parlo con la proprietaria e mi invento una scusa per farle rinchiudere i cani da qualche parte...»

«Non capisco, glielo avevo già chiesto al telefono, le avevo detto che sarebbe stato pericoloso farli andare in giro con le macchine in funzione!»

«Sì, ma oggi ci occupiamo solo della segnaletica. Probabilmente è per questo che li ha lasciati liberi. Guarda, tra l'altro ci sta facendo cenno dalla porta. Ha richiamato i cani.»

«Troverai una scusa, vero? Altrimenti io non posso scendere dal furgone!»

«Sì, ma a una condizione...»

«Dimmi.»

Kenzo non ha mai visto Tony così, pronto a tutto pur di sottrarsi a quella situazione stressante.

«Ho bisogno che tu mi faccia un piccolo favore...»

17.

Henriette cammina dietro Auguste lungo i viali senza fine del vivaio. Sente lo stomaco brontolare rumorosamente e comincia a pentirsi di non aver dato retta ai consigli che lui le aveva dato a colazione.

«Credi che ci sia un chiosco di panini da qualche parte?»

Lui la guarda con aria beffarda. «Sì, all'ingresso, ma siamo parecchio lontani. Ti avevo detto di mangiare come si deve!»

«Okay, okay! Non c'è bisogno di infierire...»

Gli lancia un'occhiataccia, ma la cosa non sembra fargli né caldo né freddo. È troppo felice di trovarsi in quel luogo magico. Continuano la loro esplorazione. Le gambe di Henriette hanno iniziato a tremare, in più sente che le sta venendo una vescica sul piede destro. Hanno già contrassegnato decine di piante. In questo vivaio funziona così: bisogna appiccicare un'etichetta su ciò che si vuole acquistare. Sono lì soprattutto per il cantiere dei De Montlhéry, ma Gérard li ha incaricati anche di rifornirsi per gli altri progetti dell'anno. Chissà quanti chilometri hanno già percorso... Preferisce non verificare sull'app del cellulare; potrebbe girarle ancora di più la testa. Non si aspettava che l'esperienza si rivelasse una simile prova fisica: bisogna spostare di continuo enormi vasi per osservare meglio certi esemplari. Ha la schiena a pezzi. Auguste, invece, sembra instancabile.

«Guarda, Henriette, quest'albizia dalle foglie scure!»

«È davvero magnifica! E corrisponde perfettamente alla richiesta dei De Montlhéry!» esclama Henriette davanti ai piumini setosi bianco rosati. Si sforza di mostrarsi entusiasta per fargli piacere.

«Apporterà un vero tocco esotico al loro giardino. E hai visto che finezza il fogliame bipennato?»

«Sì, è stupendo. È perfetto anche per fare ombra!»

«La prendiamo, allora?»

«Sì, prendiamola.»

Mentre Auguste mette l'etichetta sulla pianta, Henriette fruga nella borsa in cerca di una caramella al miele per ingannare la fame.

«Stiamo procedendo alla grande», osserva Auguste. «Però ci mancano ancora diverse piante rare per il giardino dei De Montlhéry. Proviamo a guardare la cartina che ci hanno dato.»

Mentre sono entrambi chini sulla mappa dell'immenso vivaio, gli occhi di Henriette si spostano sulla mascella squadrata di Auguste che emana un dolce profumo di acqua di colonia. Come fa a non puzzare dopo una camminata del genere?

«Ecco, guarda lì: la zona delle piante rare. Andiamo!»

«È lontano?» chiede Henriette, cercando di non lasciar trapelare la disperazione nella voce.

«Non tanto. Sei stanca? Dopo possiamo fare una pausa, se vuoi.»

Basta la parola «pausa» per ridarle un po' di colore sulle guance.

Una volta arrivati tra i filari delle piante rare, Henriette osserva Auguste con un pizzico di divertimento: è in estasi e corre dappertutto come un bambino nella caverna di Alì Babà.

«Incredibile! Una ginestra dell'Etna, difficilissima da trovare. È un piccolo alberello deciduo con una fioritura giallo oro spettacolare.»

«Sarà di grande effetto! E potremmo immaginare un'illuminazione azzurra che lo valorizzi ancora di più una volta calata la notte. Cosa ne pensi?»

Auguste le rivolge un ampio sorriso e la gratifica con un complimento caloroso per la sua idea. Henriette non l'ha mai visto così entusiasta e non può fare a meno di notare che il buonumore gli dona. Quella caccia alle piante rare sembra deliziarlo e lo mette sotto una luce diversa: a Parigi, in ufficio, è spesso teso; qui invece pare proprio nel suo elemento.

«E lì? Una Diva!»

«Una Diva?» ripete Henriette, senza capire.

«È il soprannome di questa felce arborea della Tasmania.»

«Fantastico! La prendiamo?»

«Certo che sì!»

La lista si allunga rapidamente, con varie albizia Summer Chocolate e due pini di Wollemi. Ormai è tardo pomeriggio e Henriette ha abbondantemente superato i suoi limiti. Da un momento all'altro crollerà a terra per non muoversi più! Una vocina interiore che le è molto familiare le ricorda quali sono i rischi se non dirà basta. "Sai come va a finire se non tieni conto della tua sindrome da troppofobia... Quando è troppo è troppo, e poi crolli..." È vero. Henriette chiama Auguste, che sta camminando a passo spedito diversi metri davanti a lei.

«Auguste! Fermati, per favore. Non ce la faccio più.»

Lui si volta, sorpreso. Henriette si aspetta che la prenda in giro, invece si avvicina e le chiede cosa c'è che non va. Risponde che le tremano le gambe e che si sente vacillare.

«Scusami, è tutta colpa mia. Quando entro in questo posto, non riesco più a fermarmi. Aspetta qui, torno presto!»

Auguste scompare. Lei resta a lungo piantata lì in mezzo ai vasi. "Ecco", pensa, "mi ha mollata! E non uscirò mai da questo labirinto!" È sull'orlo del pianto quando, all'improvviso, lo vede arrivare con un grosso arnese.

«Dai! Salta dentro! Ti porto io.»

«Cosa! Io? In una carriola? Non ci pensare nemmeno!»

«Sbrigati, prima che cambi idea!»

E così si fa trasportare come un sacco di terra, ma almeno sta sorridendo. Auguste apprezza quel cambiamento di umore.

«Ti accompagno all'ingresso, principessa! Tra un attimo potrai ristorarti e ti sentirai meglio!»

Henriette prova uno slancio di gratitudine. Lui sembra divertito dalla situazione. La guarda con aria maliziosa. È carina, la sua piantina di serra, in quella carriola! La punzecchia e lei arrossisce un po'. Non ci vuole niente a provocarla! Ha i lineamenti tirati e il viso pallido. Avrebbe dovuto essere più attento e prendere dei panini all'ingresso, prima di avventurarsi in quel vivaio così esteso. Ma quando si trova in mezzo alle piante, dimentica tutto il resto, perde la nozione del tempo... E ora evidentemente Henriette è in ipoglicemia. Si rimprovera per la propria mancanza di tatto. Non è abituato a prendersi cura di una donna. Forse è più bravo a occuparsi dei fiori. Ma potrebbe essere ora di imparare. Gli fanno male le mani: è faticoso spingere la carriola su quel sentiero accidentato.

«Puoi farmi scendere, se vuoi.»

«No, non preoccuparti. Siamo quasi arrivati, guarda! Faccio un piccolo sprint finale!»

«E le piante? Non abbiamo finito...»

«Non importa! Ne abbiamo già più che a sufficienza! Pronta?»

Scoppia a ridere mentre, per mostrare la sua forza, inizia a correre come un gallo baldanzoso. Purtroppo, inciampa in un sasso e fa un volo in avanti. La carriola si sbilancia, ribaltandosi di lato con un rumore metallico. Henriette rotola sul ciglio del viale. Con la testa ha colpito qualcosa e, avvicinando la punta delle dita alla fronte, tocca una sostanza vischiosa che assomiglia molto al sangue. Sente un gemito e vede Auguste a terra, non lontano, con una smorfia di dolore sul viso.

«Ahia! La caviglia!»

Si precipita da lui, ma, nel momento in cui si inginocchia, un capogiro improvviso la costringe a posare la mano sul suo petto.

«Henriette! Ma stai sanguinando!»

Lei tira fuori un fazzoletto dalla tasca e se lo preme sulla fronte. «Non è nulla, sarà un graffio. E tu?»

«Temo di essermi slogato una caviglia!»

«Dammi la mano, ti aiuto a rialzarti.»

Il primo passo gli causa una fitta terribile.
«Aggrappati a me, ti faccio da stampella. Proviamo a raggiungere l'ingresso.»
La camminata a tre gambe funziona piuttosto bene. Incollati l'uno all'altra, unendo le forze finalmente arrivano in vista dell'ingresso del vivaio. Qualcuno va loro incontro per soccorrerli. Purtroppo lì non c'è granché per curare le ferite, a parte disinfettante e cerotti. La caviglia di Auguste è gonfia, ma lui riesce a muoverla e, quando mette a terra il piede, lo regge, anche se fa male.
«Probabilmente è una distorsione», dice a Henriette. «Certo è che non potrò guidare.»
La sua frase rimane sospesa nell'aria mentre mille previsioni ansiogene si affollano nella mente di Henriette. Nello stato di tensione e stanchezza in cui già versa, è la goccia che fa traboccare il vaso. Non è in condizioni di guidare. E all'idea di non avere altra scelta le si stringe la gola. Le portano un panino, ma ormai non ha più fame. Si sforza di ingoiarne qualche boccone. "Resistere. Resistere." Si ripete quella parola in continuazione, come un mantra. Ce la farà?

18.

Tony torna a casa di pessimo umore. Potrebbe dire che la sua giornata è andata «da cani», se non fosse che non ha la minima voglia di scherzare sulla disavventura con i chihuahua. È stato a un soffio dal coprirsi di ridicolo davanti alla cliente, e questo non l'avrebbe sopportato! Purtroppo Kenzo ha scoperto il suo segreto, infliggendo un duro colpo al suo amor proprio. Ma, insomma, non può che accettare la situazione. Il ragazzo in fondo ha mantenuto la parola: è andato a parlare con Claire de Montlhéry per spiegarle che sarebbe stato un problema avere i cani tra i piedi mentre delimitavano il terreno. Lei non ha fatto storie. Quella donna è molto accomodante. Se solo Tony ne avesse trovata una così! Sua moglie sbuca dal bagno con le braccia bagnate e i capelli arruffati. I due figli più piccoli sono insieme nella vasca e spruzzano acqua dappertutto. Un oggetto non identificato colpisce il piede di Tony e gli strappa un ringhio di disappunto. Sgrida il figlio maggiore.

«Ti ho già detto di non giocare con la macchina telecomandata dentro casa! Quante volte te lo devo ripetere? Hai fatto i compiti?»

Sua moglie coglie la palla al balzo. «No, e per fortuna non sei rientrato troppo tardi, così puoi occupartene tu!»

Torna ai suoi impegni prima che Tony abbia modo di protestare. "Porcaccia miseria", pensa. Anche lui ha qualcosa da fare. Lo ha promesso a Kenzo. E, nonostante il suo temperamento brusco, è un uomo di parola.

«Vieni qua, ragazzo. Allora, cosa ti ha dato da fare la maestra? Devi imparare una poesia? È semplice, ripeti ad alta voce le frasi più volte. Ti alleni un po' e, quando sei pronto, vieni a recitarmela. D'accordo, cucciolo?»

Il bambino annuisce e si mette a studiare. Tony non ha molto tempo. Si siede subito davanti al computer di casa e cerca ispirazione su internet. Kenzo gli ha chiesto qualcosa di difficile e molto personale. Ma ora che il ragazzo ha scoperto la sua paura inconfessabile, non può più rifiutargli nulla. Kenzo vuole scrivere una lettera d'amore alla sua ragazza, Philippine, per farle capire la profondità dei suoi sentimenti. Purtroppo, non può cavarsela da solo. «Non ci so fare con la penna», ha ammesso sconsolato. «Perché non glielo dici a voce?» ha rilanciato Tony. Kenzo si è messo a dimenarsi davanti a lui con aria infelice. Poi ha sfoderato l'artiglieria pesante per convincerlo. «Non è questo, amico... È che voglio che abbia una buona opinione di me, capisci? Sta studiando, è una ragazza brillante. Non ti dico quanti neuroni deve avere... centinaia di migliaia, sicuro!» Ha esitato, poi si è sbottonato del tutto. «Ho paura che un giorno capisca che ho un cervello da lumaca e mi lasci... Allora, per evitare che succeda, cerco di portarmi avanti. Tu, in fondo, hai preso un diploma e poi leggi libri. Devi aiutarmi!»

Kenzo è riuscito a commuoverlo, senza contare che gli è debitore. Comunque, che tegola! Cosa ne sa Tony di lettere d'amore? A ogni modo, non ha altra scelta se non aiutarlo. Non gli resta che mettersi all'opera... Anche se il risultato si profila molto incerto.

19.

Henriette si siede al posto del conducente con lo spirito di una condannata a morte. Tesa, afferra lentamente la cintura di sicurezza e la allaccia. Le si stringe il cuore nel petto e i battiti accelerano. Sul sedile accanto, del tutto inconsapevole della prova che lei si accinge ad affrontare, Auguste si lascia sfuggire un gemito di dolore per una fitta alla caviglia. È inverno, e la notte è calata velocemente sulla campagna toscana. Henriette già detesta guidare su strade che conosce in Francia, figurarsi con il buio e all'estero... Senza tenere conto che quel modello di auto non le è familiare. Avverte l'ansia montare sempre più dentro di lei. Gira la chiave e mentre ingrana la prima fa spegnere il motore. Auguste la guarda con le sopracciglia aggrottate. Come potrebbe capire cosa le sta succedendo? Tuttavia deve aver percepito in qualche modo la sua ansia, perché si offre gentilmente di impostare il navigatore. Henriette acconsente. Si mettono in marcia.

«Non accendi i fari?»

Lei si rende conto di non aver nemmeno pensato a quel gesto elementare. Provvede immediatamente. Le sue dita tremano sul volante.

Quelle strade di campagna sono un susseguirsi di curve senza fine. Si tiene incollata al volante come una vecchietta con seri problemi alla vista. Pensando di essere d'aiuto, Auguste le dà indicazioni. «Gira a sinistra. Dritto. Attenta, c'è uno stop!» Lei è sull'orlo di una crisi di nervi e sente che gli ultimi argini della decenza professionale stanno per crollare. Ha solo voglia di urlargli contro.

«Lì, lì. È lì l'entrata dell'autostrada!» scatta Auguste, all'oscuro di ciò che lei prova.

Henriette gira bruscamente il volante e per poco non va a sbattere contro l'auto che li segue. Nella concitazione del momento, non ha guardato nello specchietto retrovisore! Una volta entrata in autostrada, il battito del suo cuore è rapido come quello di un velocista ai cento metri ostacoli.

«Sei pazzo a gridare così? Abbiamo rischiato di fare un incidente!»

«Scusa, non volevo spaventarti!»

Auguste si rannicchia sul sedile. Ora le tiene il muso. All'angoscia della situazione si aggiunge anche lo stress di una lite! Henriette si morde forte il labbro per cercare di fermare le lacrime che le stanno salendo agli occhi. La vista le si annebbia e non riesce a leggere le istruzioni del navigatore. Rallenta senza accorgersene; un automobilista suona il clacson e la sorpassa facendo gesti che non hanno bisogno di traduzione. Il GPS annuncia un bivio da non mancare.

«Merda, merda, merda, dove bisogna girare qui?»

Il navigatore tentenna, Henriette prende un'uscita a caso e capisce pochi secondi dopo che non è quella giusta, come poi constata sullo schermo. Si ritrovano nel mezzo della campagna toscana. Si sono persi. È troppo. Accosta sul ciglio della strada, con il corpo scosso da tremori, così tesa che inizia a sentire un crampo alla gamba sinistra. Non può proseguire. Esausta, scoppia a piangere. Sbigottito dalla violenza della sua reazione, Auguste cerca di confortarla.

«Henriette! Calmati! Spiegami cosa c'è che non va.»

Si gira verso di lui con il viso rigato di lacrime. «Vuoi sapere cosa c'è che non va? Non è evidente? È che tutto questo è troppo per me, non ce la faccio più, non riuscirò nemmeno a riportarti a Firenze! E la cosa peggiore è che penserai che sono una nullità!»

Singhiozza ancora più forte. In mezzo a quel torrente di parole disperate, Auguste è incuriosito dall'ultima frase. Le porge un pacchetto di fazzoletti, la invita a soffiarsi il naso e a bere un po' d'acqua, poi le chiede con dolcezza: «Ma perché mai dovrei pensare che sei una nullità?».

La sua cortesia sembra farla infuriare ancora di più. «Mi chiedi perché? Anche se non me lo diresti mai in faccia, per forza mi ritieni una buona a nulla!»

Colpito dallo stato d'animo in cui lei versa, Auguste non sa come consolarla. «Henriette! Guardami! Torna sulla terra con me, okay? Smettila con queste assurdità!»

La sua fermezza sembra avere l'effetto di calmarla un po'.

Pianta gli occhi in quelli di lei.

«Non ho mai pensato niente del genere. Al contrario, oggi sei stata molto in gamba e hai tenuto botta benissimo. Tutte queste rogne, una dopo l'altra, in questa giornata infinita sarebbero troppo per chiunque!»

«Lo dici solo per farmi piacere!»

«Assolutamente no. E sai una cosa? Anch'io mi sento stanco morto e sul punto di crollare.»

«Davvero?»

«Puoi giurarci!»

La sua smorfia strappa a Henriette un sorriso tra le lacrime.

«Ah, mi piace di più vederti così!»

Auguste si protende per offrirle un abbraccio di conforto, che lei accetta d'impulso. Sente il corpo rilassarsi. Respirano allo stesso ritmo. È tranquillizzante. Fa bene anche a lui. Si rende conto di quanto si sia stressato per il viaggio e che, quel pomeriggio, nel vivaio ha speso tutte le sue energie per trovare le piante più rare. È stravolto e la disavventura serale non gli fa per niente piacere. Ma deve fare buon viso a cattivo gioco e aiutare Henriette, come lei ha aiutato lui poco fa.

«Non preoccuparti! Troveremo una soluzione! La cosa più importante è che siamo insieme, quindi la situazione non è così grave. Ti fidi di me?»

Lei annuisce come una bambina smarrita, ancora un po' turbata. Auguste individua con il suo smartphone le attività nei dintorni.

«C'è un'azienda vinicola poco distante! Li chiamo.»

Henriette lo guarda mentre compone il numero. Lui attiva il vivavoce. Quando qualcuno risponde, inizia una conversazione in un miscuglio di francese e inglese, con qualche parola in italiano. Sembra faticoso!

«Un momento!» dice alla fine l'uomo all'altro capo della linea.

Subentra una voce di donna. Miracolosamente, parla un buon francese, con un affascinante accento italiano. Auguste spiega la situazione: né lui né la sua compagna riescono più a guidare e a quanto pare non sono lontani dalla loro azienda, in base alle coordinate del navigatore.

«Capisco», commenta la donna in tono affabile. «Veniamo a prendervi, d'accordo?»

Quando Auguste riaggancia, sta sorridendo.

«Vedi? A tutto c'è una soluzione!»

Henriette ora piange di sollievo.

«Ah, no! Adesso basta lacrime!»

Si asciuga gli occhi con il dorso della mano e si sforza di restituirgli il sorriso.

Un quarto d'ora dopo, un uomo si avvicina alla loro auto, bussa al finestrino e dice in italiano: «Buonasera! Sono Francesco Conti, il gestore della tenuta! Venite con me?».

Bastano la sua faccia cordiale e il suo accento melodioso a farla sentire al sicuro, pensa Henriette, nonostante non abbia capito una sola parola.

«Che cosa ha chiesto?»

«Non lo so, ma credo sia meglio che lo seguiamo!»

Auguste e Henriette si infilano nell'auto di Francesco Conti senza farsi pregare.

20.

Il bambino non ne può più di ripetere la poesia a voce alta. È già andato più volte a tirare la manica del padre, che sta ancora lavorando al computer, per chiedergli di ascoltarlo mentre la recita.

«Vengo, cucciolo, vengo! Dammi ancora cinque minuti!»

E ricomincia a digitare sulla tastiera con un'aria concentrata che il bambino non gli ha mai visto prima. Si chiede che cosa stia facendo. Ha provato a spiare lo schermo, ma non è servito a niente. Stanco e imbronciato, abbandona il suo compito. Il foglio giace a terra mentre lui si mette a giocare con le macchine da corsa. Imita il rumore del motore, contento del baccano che fa.

«Sst, Théo, non riesco a concentrarmi!»

Decisamente, suo padre oggi non è spiritoso.

«Gioca con i Lego, piuttosto.»

I Lego sono belli, ma la cosa che lo diverte di più è proprio fare rumore. Ciò nonostante, obbedisce a suo padre. È meglio non contrariarlo, non sembra di buonumore.

Tony brontola, nervoso. Fatica a trovare le frasi giuste. Inizia a scrivere, rilegge, non gli piace, cancella tutto.

«Merda! Non ne esco più...»

«Papà! Hai detto una parolaccia. Lo dico alla mamma.»

Tony capisce che se non dà un contentino al figlio non riuscirà a combinare nulla. Quel furbetto proverà in ogni modo ad approfittare della situazione.

«Okay, se fai il bravo e mi lasci finire, avrai una sorpresa, d'accordo?»

«Una action figure!»

«No, Théo, non è mica Natale! Una sorpresina...»
«Un pacchetto di figurine, allora!»
«Va bene...» acconsente Tony. «Affare fatto.»
I due si stringono la mano, da uomini. Il bambino sembra contento dell'accordo e si mette a giocare in silenzio. "Finalmente un po' di pace", pensa Tony, sollevato. Rilegge ciò che ha scritto.

Cara Philippine,
prendo la penna per dirti parole dolci, leggere come nuvole, perché da quando ci sei tu sono su una nuvola. Prendo la penna per dirti parole folli, come...

Tony cerca una similitudine che colpisca. Una donna bisogna abbagliarla...

...un fuoco purpureo e incandescente, perché la fiamma che ho per te brucia di mille scintille.

"Sì, così va bene." Segue il filo della sua ispirazione.

Penso alla mia vita prima che ci fossi tu. Un'assurdità, una serie di giorni vuoti, come conchiglie abbandonate sulla spiaggia.

"È un'immagine esotica, la spiaggia. Ci sta bene. E alle donne piace sognare..." Tony sente di essere sulla buona strada. Non scrive più per Kenzo. Diventa Kenzo. E, di colpo, si mette nei panni di un innamorato.

Desidero una cosa sola, starti accanto ogni giorno della mia vita e, al risveglio, poter contemplare i tuoi sublimi occhi azzurri posati su di me, mentre le tue ciglia battono come le ali di due delicate farfalle. Uno solo dei tuoi sguardi, e il mio cuore è al culmine della felicità.

Tony sorride tra sé e sé. "'Il mio cuore è al culmine della felicità' non è male." Non sapeva di essere così portato per la scrittura. Alla fin fine, quell'esercizio è gratificante. Continua, preso dal proprio gioco:

Non potrò mai più desiderare un'altra donna. Ho trovato la mia regina, l'unica a cui darò le chiavi del regno.

Tony si chiede se non sia un po' troppo, questa storia del regno. E poi decide di no. Alle donne piacciono le storie di regni, di principi e principesse...

Occupi completamente i miei pensieri. Quando non ci sei, mi manchi. Non sono che l'ombra di me stesso e la mia ombra non fa che rimuginare... Voglio conquistarti e riconquistarti, ogni mattina dall'alba al tramonto. Catturare un raggio di luna? Domare un unicorno? Coprirti di perle prese per te negli abissi dell'oceano?

Ti offro il mio cuore su un piatto d'argento, scintillante di tutto lo splendore dell'amore che provo per te... Sono tuo, per l'eternità.

Il tuo Kenzo

Tony si commuove mentre scrive le ultime parole della sua lettera. Sobbalza quando la moglie entra concitata nella stanza, visibilmente di cattivo umore.

«Vieni ad aiutarmi con i due piccoletti, per favore! Bisogna vestirli! E io devo occuparmi della cena sul fuoco...»

Tony salta giù dalla sedia, con il cuore che batte forte. Chiude il portatile con un gesto brusco e corre a prendersi cura dei figli più piccoli. Si sente in preda a una strana eccitazione. Il bagno è un disastro, c'è acqua ovunque. Afferra i due corpicini scivolosi per tirarli fuori dall'acqua e avvolgerli rapidamente in un grande asciugamano, strofinandoli vigorosamente.

«Non muovetevi, voi due. Vado a prendere uno straccio in cucina. Avete fatto una battaglia navale o cosa?»

Sua moglie è indaffarata davanti a pentole e padelle fumanti. Chiede solo a che punto sono i compiti del figlio più grande.

«Ci penso io!» risponde Tony, prima di tornare dai più piccoli con tutto il necessario per asciugare il pavimento.

Nella sua stanza, Théo è stanco di giocare da solo. Va a trovare la madre in cucina. Si annoia.

«Che cosa c'è, tesoro? Hai finito i compiti? Non hai voglia di giocare?»

Lui scuote la testa, imbronciato.

«Hai recitato la poesia a papà?»

«No! Papà era troppo occupato a scrivere.»

«A scrivere? A scrivere cosa?»

«Non lo so, ma mi ha detto che facevo troppo rumore, così non ho nemmeno potuto giocare con le macchinine!»

«Oh, povero amore. Non è divertente, in effetti! Dai, sentiamo la tua poesia...»

«E prendo anche le macchinine?» chiede il bambino, pieno di speranza.

«Sì», concede la madre, «anche le macchine.»

Abbassa il fuoco, mette un timer e segue il figlio nella sua stanza.

Quando il bambino comincia a recitare la poesia, si accorge che non la sa. Fa una smorfia, e l'irritazione nei confronti del marito cresce. Sa benissimo che Théo ha difficoltà a concentrarsi quando è solo e quanto sia importante stargli dietro, se si vuole che faccia progressi.

«Cos'ha combinato tuo padre? Con i compiti siamo ancora in alto mare! E dici che era occupato a scrivere?»

Apre il computer e lo schermo si accende.

«Non so se puoi guardare!» esclama il bambino con innocenza.

«Come sarebbe a dire? Non vedo perché non dovrei.»

«Io non ho avuto il permesso.»

Sempre più incuriosita, la moglie di Tony clicca sull'ultimo documento di Word. Quando scopre la lettera destinata a Philippine, diventa rossa, poi bianca, poi verde. Il suo urlo si sente fino al pianoterra.

«Tonyyyyyyyyyyy!»

Si preannuncia burrasca.

21.

Francesco Conti guida veloce. Molto veloce. Sul sedile posteriore della sua auto sportiva, Henriette oscilla tra un'immensa gratitudine per quel salvatore provvidenziale e la paura di avere uno stupido incidente. Poi cerca di ragionare, si dice che Francesco è del posto e conosce bene la strada, dunque di sicuro non c'è da preoccuparsi. È un bell'uomo sui cinquant'anni, con i capelli neri ricci e un completo su misura. In quanto direttore di una delle tenute vinicole più rinomate del posto, è orgoglioso di ostentare il proprio successo. Auguste nota il bellissimo orologio Omega che Conti ha al polso e si dice che, anche se l'abito non fa il monaco, contribuisce senz'altro in modo sostanziale a dare una prima buona impressione. A Francesco piace parlare. Con la bocca, con le mani, con gli occhi. Adora la Francia e Parigi ancora di più, quindi, di riflesso, già li considera suoi amici. Auguste chiama a raccolta le poche energie rimaste per concentrarsi sulla conversazione e riuscire a sostenerla in quel miscuglio di lingue. Il loro benefattore sembra trovarci gusto. Lui un po' meno, stanco com'è. Per fortuna, arrivano presto alla tenuta, splendida con la sua illuminazione notturna.

TENUTA CONTI
STATE ENTRANDO NELLE TERRE DELLA FAMIGLIA CONTI.
DA SECOLI CI ACCOMUNA L'AMORE PER IL VINO
E LA CONVIVIALITÀ.
BENVENUTI!

«*Et voilà!*» esclama Francesco, fiero del suo francese. «Eccoci arrivati!»

Li accompagna alla reception. Lui e la hostess si scambiano alcune battute in un italiano rapidissimo. Parla veloce come guida! Poi Francesco invita Auguste ad avvicinarsi e gli spiega, aiutandosi con i gesti, che si occuperanno della sua caviglia. Muove le mani per mimare l'applicazione di una pomata e di una fasciatura, facendo sorridere i due sopravvissuti. La hostess torna con una cassetta del pronto soccorso e una borsa del ghiaccio in mano. Si rivolge a Auguste in un francese scolastico.

«Signore, posso vedere il suo ginocchio?»

«È la caviglia!» rettifica Auguste divertito.

La giovane donna arrossisce leggermente. Sembra determinata a parlare un francese corretto.

«Ah, sì, scusi. Ho sbagliato!»

Auguste si toglie piano la scarpa per applicare il ghiaccio che la hostess gli sta porgendo.

«Può tenerlo dieci minuti?»

Lui annuisce con gratitudine.

«Tornerò per mettere la pomata e fare il *bondaggio.*»

«Il bendaggio», la corregge gentilmente Henriette. «Posso occuparmene io! Lei avrà molto da fare.»

La hostess li osserva entrambi. «Ah, certo, se vuole farlo sua moglie, non c'è problema», dice a Auguste.

«Non è mia moglie!» esclama lui.

La hostess sgrana gli occhi e precisa con aria maliziosa che lì sono «di una discrezione assoluta», poi si allontana per tornare al lavoro. Accidenti, pensa che siano amanti! Henriette soffoca una risata dietro il pugno. Alcune persone passando li guardano di sottecchi, con curiosità. Quella hall non è certo il posto più adatto per una medicazione.

«Henriette, potresti andare a chiedere delle nostre camere? Mi sentirei più a mio agio se avessi un po' di privacy.»

«Vado.»

Si dirige di nuovo dalla giovane donna alla reception. ANGELINA, legge sul badge.

«Il signor Conti ha detto che vi serve un posto per la notte. Siete fortunati, abbiamo una stanza libera. E, vista la situazione particolare, vi farà un prezzo di favore.»

Henriette analizza rapidamente le informazioni ricevute: primo, Angelina ha detto *una* stanza. Dovrà condividerla con Auguste? La catastrofe continua... Secondo, guarda il foglio che la hostess le porge, su cui è stata barrata la tariffa piena per segnare il «prezzo di favore». Si tratta della suite, che probabilmente non sono riusciti ad affittare in bassa stagione. Trecento euro invece di cinquecento: generoso da parte loro. Ma a Parigi potrebbero storcere il naso. Comunque, Henriette è così esausta che acconsentirebbe a qualunque cosa!

«Le ho detto che abbiamo un volo domani in tarda mattinata? Dobbiamo assolutamente tornare al nostro hotel per recuperare i bagagli prima di andare all'aeroporto... Sa se qualcuno potrebbe accompagnarci?»

«E la vostra macchina a noleggio?»

Com'è imbarazzante! Angelina non capisce perché non usino quella per spostarsi.

«Io non me la sento di guidare sulle vostre strade...»

L'altra donna la guarda come se fosse un'extraterrestre.

«Domani chiameremo l'agenzia di noleggio, così verranno a prenderla», aggiunge Henriette, imbarazzata per aver dovuto confessare di non essere in grado di mettersi al volante.

"Speriamo che il costo per il recupero dell'auto non sia un'altra mazzata", pensa nel frattempo. Tutti quegli extra fanno lievitare il conto! Si sente assalire di nuovo dai sensi di colpa.

«Capisco», dice la hostess in tono amichevole prima di rivolgersi al direttore.

Parlano fitto per qualche istante in italiano.

«È tutto a posto. Il signor Conti vi porterà a Firenze perché ha un appuntamento di lavoro sul presto in città. Non è un problema per lui.»

«Grazie mille!» Poi Henriette va a cercare Auguste.

«Ah, eccoti! Cominciavo a stancarmi di tenere la borsa

del ghiaccio sulla caviglia. Guarda, la pelle è diventata blu! Allora?»

«Tutto a posto. Ci hanno dato una camera...»

«Una?»

«Sì, una. Pare che dovremo condividerla, mio caro!»

«Caspita.»

Henriette non sa come interpretare la sua reazione. Anche lui, probabilmente, avrebbe preferito riposare da solo e godersi un po' di intimità per recuperare le forze dopo quella giornata estenuante.

Lo aiuta a raggiungere l'ascensore.

«Be', non ce la caviamo poi così male!» borbotta Auguste.

Entrano nella cabina sospirando all'unisono. Henriette non osa nemmeno rivolgere lo sguardo verso il grande specchio davanti a loro. Deve avere un aspetto orribile, pensa, e un'ondata di tristezza la pervade. Lungi dal farle guadagnare punti, quel viaggio sembra essere servito solo a peggiorare l'opinione già negativa che Auguste ha di lei. Immagina i propri lineamenti tirati, gli occhi rossi e gonfi, per la mancanza di sonno e per le lacrime. Ripensa alla crisi d'ansia di cui è stata preda, che rientra fra i primi tre motivi per cui un maschio se la dà a gambe.

Auguste invece si guarda allo specchio. Ha occhiaie violacee e il viso pallido. E quella barba mal rasata gli dà un'aria trasandata. Per quanto riguarda i capelli, sono ridotti da far schifo. Odia tutto questo. Pensa che non ha con sé i prodotti che gli servirebbero per recuperare un aspetto umano e la cosa lo infastidisce. È contrariato. Stranamente, ci tiene ad apparire al meglio davanti a Henriette. Perché, dopotutto, è lui il capo della missione. Rappresenta l'agenzia! E poi sin dall'inizio sono entrati in qualche modo in competizione, loro due. E non bisogna mai abbassare la guardia davanti agli avversari! Si ripete quel discorso mentre entra nella suite, seguito da Henriette.

Lei emette un grido di gioia.

«Ma è incantevole! Mi piace da morire!»

È incredibile come riesca a cambiare umore così in fretta! Non è già più la stessa persona di un'ora fa. Sembra rassicurata nel trovarsi in quel luogo caldo e accogliente, e questo basta a trasformarla. I suoi begli occhi azzurri scintillano di gratitudine e un ampio sorriso le si disegna sul viso. È magnifica. Un po' troppo. Auguste detesta provare quella sensazione. Ora è lui a essere preoccupato. Poco prima, mentre erano in macchina persi in mezzo al nulla, lo sconforto di Henriette lo ha profondamente toccato. La sua vulnerabilità ha risvegliato in lui emozioni dimenticate. Un desiderio irrefrenabile di proteggerla e prendersi cura di lei. Come spiegarlo? Una donna che crolla di solito non è un bello spettacolo, ma nel caso specifico, contro ogni previsione, è andata diversamente. Quell'aspetto di Henriette lo ha affascinato. Riflette sul fatto che da bambino non ha mai avuto modo di esprimere la propria fragilità e su quanto questo gli sia mancato. Per esperienza personale, ha capito che più cercava di soffocare le sue vere emozioni, più loro riemergevano con prepotenza, a un certo punto. Indossare una maschera per nascondere i suoi sentimenti profondi ha iniziato a sembrargli tossico. All'improvviso realizza che Henriette avrà dovuto trattenersi per ore prima di arrivare a un punto di non ritorno e prova ancora più simpatia per lei. Si rimprovera di non aver colto i segni premonitori, così da poterle risparmiare un episodio tanto spiacevole. Non le avrebbe mai chiesto di mettersi al volante se avesse saputo quanto le costava. Avrebbero trovato un'altra soluzione.

Sì, è decisamente preoccupato, perché sa riconoscere i segnali di una grossa cotta. Non vuole saperne. Ogni qual volta prova affetto o, peggio, dei sentimenti d'amore per una donna, perde il controllo. Si trasforma di nuovo nell'adolescente goffo e insicuro che è stato. Dopo la sua prima disastrosa esperienza con quella ragazza che non lo amava, il suo organo sessuale ha continuato a fare di testa sua. Aveva un'erezione quando non doveva e, viceversa, restava moscio quando invece era il momento di reagire. Le situazioni imbarazzanti in cui si è trovato, le prese in giro che lasciano un segno indelebile sulla fiducia in sé stessi, tutto questo ha minato la sua sicurezza nei rapporti con le donne. Se non sono coinvolti i sentimenti, le cose procedono bene, sa gestire la situazione. In caso contrario, è un disastro. E per nulla al mondo vuole rivivere una simile umiliazione.

«Siediti, dai, ti faccio un massaggio.»

Ecco Henriette inginocchiata ai suoi piedi, che gli applica la pomata con le mani calde e morbide, facendola assorbire con piccoli movimenti circolari. Auguste chiude gli occhi per sottrarsi a quella visione che lo turba. La ferma.

«Si è scaldata troppo?»

«Sì», risponde lui, mentendo. «Mi arrangio da solo con la fasciatura, grazie.»

«Ma no, lascia fare a me. Così è più semplice!»

Porta a termine il compito con abilità, poi si alza di scatto.

«Andiamo a cena?» gli propone.

Gira i tacchi e si dirige verso il bagno, dove Auguste la vede mettere un velo di rossetto sulle labbra.

«Buona idea, prima che la cucina chiuda.»

Auguste le tiene la porta aperta per farla passare e la osserva camminare con passo aggraziato. Pronunciando un «mamma mia» silenzioso dentro di sé, prega di non cacciarsi nei pasticci.

22.

Da un'ora il salotto si è trasformato in una valle di lacrime. Tony contempla sua moglie che piange come una fontana e ascolta, contrito e impotente, le lamentele che le escono dalla bocca. Ha le guance rosse come un pelargonio... o un amarillo... o un amaranto. Tony si rende conto che in quel momento è del tutto fuori luogo cercare la sfumatura di colore più giusta per il viso arrabbiato di sua moglie tra quelle dei diversi fiori. Deformazione professionale. Isabella continua a fargli domande e sembra sorda alle sue spiegazioni.

«Innanzitutto, chi è quella donna?»

«Per la centesima volta, è la fidanzata di Kenzo.»

«Certo, la fidanzata di Kenzo, e perché non quella del papa, già che ci sei!»

«Ti giuro che è vero, amore mio!»

«Ah, no! Non cercare di manipolarmi!»

«Ma insomma, cucciola... Lo sai benissimo che per me ci sei solo tu! Capisco che le apparenze ingannano, ma ti assicuro che sto solo facendo un favore a un amico, niente di più.»

I bambini, nascosti dietro la porta, non perdono una parola della lite e si chiedono cosa renda la loro mamma così furiosa. I due piccoli iniziano a piagnucolare, Théo li zittisce con uno «sst» autoritario. Vuole sentire il seguito.

Tony sta sudando. Mai si sarebbe aspettato un tale cataclisma. Che incubo!

«Vuoi farmi credere che a ispirarti tanto sia stata una tizia che nemmeno conosci?»

«Davvero trovi che sia ispirato?» domanda Tony a fior di labbra.

Sua moglie lo fulmina con lo sguardo. «Non sei mai riuscito a scrivermi nemmeno mezza parola e ora, d'un tratto, con uno schiocco di dita ti trasformi in poeta? Non me la bevo.»

«Ma ranocchietta, ti giuro che mi sono solo prestato al gioco!»

«Non mi muovo di qui finché non mi dici chi è quella donna.»

Tony sente che sono in un vicolo cieco. «Ascolta, visto che non mi credi non resta altro da fare che chiamare Kenzo.»

«E come faccio a sapere se non vi siete messi d'accordo?»

Di colpo Tony ha davvero voglia di gettare la spugna. Di fronte all'ingiustizia della situazione ci vede rosso. Con la sua voce grossa dei giorni peggiori grida: «Isabella Marie Madeleine Josée, mi ascolti o no, perdio?».

«Non imprecare.»

«A casa mia impreco come mi pare e piace!»

È furioso. Allo sfogo segue il silenzio. Poi Isabella dice, con una vocina sottile: «Okay. Chiamiamo il tuo amico per vedere se dici la verità».

«Cosa mi fai fare!»

Tony compone il numero di Kenzo e mette il vivavoce. «Ciao, Kenzo. Senti, sono qui con mia moglie Isabella. Stavo scrivendo la lettera che mi hai chiesto per la tua fidanzata e lei l'ha vista. E ora pensa che io abbia un'altra donna. Avresti la gentilezza», e sulla parola «gentilezza» cerca di mettere tutta l'enfasi possibile, «di spiegarle come stanno le cose? Grazie mille!»

«Buonasera, signora. Suo marito le sta dicendo la verità. Sono stato io a chiedergli di aiutarmi a scrivere una bella lettera per la mia ragazza... perché capisca quanto sono forti i sentimenti che provo per lei.»

«Ah! E non può scriverla da sé, la sua lettera d'amore?»

«Be', per l'appunto, non sono tanto capace...»

«Tanto capace di fare cosa?» si spazientisce Isabella.

«Di mettere in fila delle frasi di senso compiuto!» si innervosisce Kenzo all'altro capo della linea, molto imbarazzato nel dover ammettere la propria inettitudine con un'estranea.

Tony riprende il telefono dalle mani di sua moglie e toglie il vivavoce.

«Ecco, ora lo hai offeso!»

Poi torna a parlare con Kenzo in privato.

«Mi dispiace davvero. Non doveva andare così. È stata una bella sfortuna che da questa cosa sia nato un malinteso con mia moglie. A ogni modo, io il testo l'ho scritto! Te lo mando subito...»

Kenzo lo ringrazia. Anche lui è dispiaciuto che il collega abbia avuto dei problemi a causa sua. Allo stesso tempo, è così sollevato di avere una bella lettera romantica da consegnare alla sua amata!

Dopo aver riattaccato, Tony si dirige verso il suo studio, deciso a spedire la mail a Kenzo. Sua moglie lo segue, ancora furiosa.

«Ah, quindi conti di inviare comunque quella lettera?»

«Certo che sì!» risponde Tony, altrettanto arrabbiato quanto inflessibile. «Ti ho detto che si tratta di fare un favore al mio amico!»

«Che gran furbo, il tuo amico! Ammetti che ti sei divertito un sacco a scriverla!»

Tony rilegge velocemente il testo e suo malgrado un sorrisetto gli si disegna sulle labbra. È vero, deve riconoscerlo: gli è piaciuto da matti quel compito. Era da tempo che non si sentiva così euforico. Non sa bene se la gioia venga dalla scrittura o dal fatto di aver recitato il ruolo dell'innamorato cotto. Quella domanda, sorta dal nulla, lo turba. Dovrà rifletterci. Seriamente.

23.

Mentre entrano insieme nel ristorante della tenuta Conti, Henriette si fa coraggio, nell'ultimo supremo sforzo di dare la migliore immagine possibile di sé stessa dopo quella giornata disastrosa. Ha i muscoli tesi. Nonostante tutto, cerca di raddrizzare la schiena e di sorridere, per quanto le costi.

«Sembri stare meglio», le dice Auguste, come se niente fosse, mentre consulta la carta dei vini.

Henriette traduce: "Chissà che aspetto penoso dovevo avere poco fa...". Come al solito, si sente in colpa per le proprie inconfessabili debolezze. In macchina è crollata, e non riesce a perdonarselo. Si giudica molto duramente per quella che definisce la sua «instabilità emotiva». La troppofobia, appena lei supera certi limiti, prende il sopravvento e le gioca brutti scherzi. Guarda Auguste, elegante malgrado gli abiti sgualciti, a suo agio di fronte a quella carta dei vini impressionante. Si chiede come un uomo del genere potrebbe mai interessarsi a una come lei. Alla fine Auguste ordina un Brunello di Montalcino. Il cameriere le propone di assaggiarlo. Henriette non osa rifiutare e tenta di darsi un tono: ripete i gesti che ha visto fare ad altri durante le degustazioni, fa girare il vino nel bicchiere, guarda se «piange», approva il bouquet. Auguste pare apprezzare. Se avesse saputo che bastava essere un'esperta di vini per sedurre qualcuno, avrebbe iniziato a studiare enologia molto prima. Scola il vino tutto d'un fiato.

«Piano, non è mica succo di mela!»

Henriette però se ne infischia. Ha voglia di dimenticare quella giornata, dimenticare che lei non è stata all'altezza, dimenticare che in qualche modo le tocca sempre confrontarsi con i propri limiti. Il primo bicchiere di vino ha l'effetto desiderato. I muscoli finalmente si rilassano e i pensieri si ammorbidiscono come i biscotti in una *charlotte*.

«Sono contento di vedere che ti sta tornando il buonumore.»

Henriette beve un altro sorso di vino e schiocca la lingua in segno di approvazione. «È buonissimo! Delizioso. Hai scelto proprio bene.»

Finisce il secondo bicchiere prima ancora che arrivi il cibo.

«Dovresti mangiare un pezzo di pane...»

«Non ti facevo così premuroso.»

Si sbaglia o gli sta lanciando sguardi conturbanti? Anche lui svuota il suo bicchiere. Osserva Henriette. Non è riuscita nemmeno a cambiarsi d'abito. Allora che cos'ha di diverso? Ah, sì, si è sciolta i capelli. Com'è possibile che basti questo a fare un simile effetto? I loro piatti arrivano in tavola. Una montagna di spaghetti alla carbonara, accompagnati da un'insalata di pomodori, burrata e pancetta. Quando è insieme a un uomo che le piace, Henriette in genere mangia molto poco. Le emozioni le tolgono l'appetito. Quegli spaghetti, in più, sono una sfida davvero ardua. Innanzitutto, non devono tremarti le mani – e Dio sa quanto sia lungo il percorso della forchetta dal piatto alle labbra – e, in secondo luogo, è richiesta una grande abilità per arrotolare la pasta aiutandosi con un cucchiaio prima di metterla in bocca senza macchiarsi i vestiti di sugo. Henriette si versa un terzo bicchiere di vino, e pazienza se Auguste la giudica. Non può farcela senza quel piccolo aiuto. Lui la imita.

«Hai ragione, non bisogna lasciarsi abbattere.»

Si osservano a vicenda mentre cercano di destreggiarsi tra gli spaghetti e le buone maniere.

«Tu ci riesci?»

«No, per niente...»

Scoppiano a ridere per quel disastro e decidono di mandare al diavolo il cucchiaio. Mangiano con il naso nel piatto, sporcandosi il mento di sugo.

«Non ho mai mangiato degli spaghetti così buoni!» esclama Henriette, con la bocca mezza piena.

«Sono assolutamente d'accordo con te!»

Il loro ospite passa a salutarli e li trova sorridenti e rilassati. «Tutto bene?»

«Sì, sì, benissimo!» risponde Henriette, mescolando francese e italiano, ormai irrimediabilmente sulla strada dell'ebbrezza.

Le viene la ridarella, e Auguste le va dietro, sotto lo sguardo indulgente di Francesco Conti, che si limita a ricordare loro l'orario dell'appuntamento del mattino successivo. Alle 8.30 alla reception.

«D'accordo?»

«Sì, sì!»

«Non saremo noi a sfatare il mito dei francesi beoni», sussurra Henriette mentre Francesco Conti si allontana.

Ne approfittano per brindare di nuovo.

Come dessert, hanno ordinato un tiramisù con due cucchiai. Henriette non ne ha mai assaggiato uno così delizioso. I suoi occhi brillano di piacere.

"Questa luce le si addice", pensa Auguste. «Vuoi un caffè?» le chiede.

«Ah, no, grazie! Per me niente caffè la sera, altrimenti non dormo!»

Dormire... Per un momento, aveva quasi dimenticato quel dettaglio. E dire che finalmente era riuscita a rilassarsi. Rimane con il cucchiaio sospeso per aria. Con lui accanto di certo passerà una notte insonne, a fissare il soffitto. Tra l'altro non ha nemmeno con sé le sue cose! Pensa al suo prezioso kit di emergenza rimasto nella bella camera d'albergo a Firenze e le si forma un piccolo nodo in fondo alla gola.

«Qualcosa non va?»

«No, sono solo stanca.»

«Saliamo in camera.»

Auguste rimane turbato nel sentirsi pronunciare quella frase che di solito si dice a un'amante. Henriette se n'è resa conto? Apparentemente no. Sembra preoccupata per qualcos'altro. Per fortuna. Lui è nervoso. L'idea di dormire nella stessa camera con lei lo mette a disagio. È confuso. Va detto che quel viaggio non si è svolto proprio come previsto. Stranamente, gli incidenti di percorso gli hanno permesso di vedere Henriette sotto una luce diversa. Una luce disastrosa, direbbe lei. "Una luce conturbante", pensa lui, invece.

Nell'ascensore, nessuno dei due parla. Sono di nuovo tesi per ciò che li aspetta. La camera ha un solo letto matrimoniale, che però è enorme.

«Mi metterò in un angolo», promette Auguste.

Henriette apprezza le sue intenzioni, ma sa già che nulla potrebbe farle dimenticare la sua presenza. La receptionist ha avuto il pensiero squisito di procurare loro degli spazzolini da denti, ed entrambi vi si avventano come sul più prezioso dei regali. Non hanno vestiti di ricambio. Le uniche cose che possono indossare per la notte sono gli accappatoi dell'hotel.

«Vado a farmi una doccia», dice Auguste, in cerca di una scusa qualsiasi per stare un momento da solo.

«Prego! Andrò dopo di te.»

Henriette si lascia cadere sul copriletto e sente l'acqua scorrere. Non vuole pensare a quel corpo avvolto dal vapore. Non è una novità: Auguste la attrae fisicamente fin dal primo giorno. Tuttavia, in questo viaggio, l'attrazione ha assunto una sfumatura diversa. Durante tutte quelle settimane di lavoro in studio si era mostrato spesso pungente con lei, testardo e soprattutto competitivo. Lo trovava irritante, a tratti persino insopportabile, al punto che era convinta che fosse una persona priva di empatia, che sicuramente l'avrebbe disprezzata se avesse scoperto le sue fragilità. Invece, quando è crollata qualche ora prima, in macchina, non si è preso gioco di lei. L'ha sostenuta, ha trovato una soluzione. Quindi ora può abbassare la guardia? Proprio per niente. Lui non l'ha criticata esplicitamente per il suo momento di debolezza, ma forse dentro di sé lo sta facendo. A forza di rimuginare, Henriette sente la testa pesante, tanto pesante. Quando Auguste esce dalla doccia, avvolto nell'accappatoio con le iniziali di Francesco Conti ricamate sul petto, e si avvicina piano al letto, constata che si è addormentata vestita e con la luce accesa. Prova un certo sollievo. Questo eviterà loro di girarsi e rigirarsi insonni, imbarazzati dalla vicinanza in quel grande letto. Si china su di lei per guardarle il viso più da vicino. Il respiro è tranquillo. Prova quasi un po' d'orgoglio, come se fosse merito suo se è riuscita a rilassarsi dopo una giornata così difficile. I lunghi capelli sono sparsi sul cuscino in onde setose. Esita, poi non può fare a meno di accarezzarli rapidamente. Lei emette un sospiro e lui fa un balzo all'indietro. "Piantala, idiota, o finirai per svegliarla!" Gli dispiace che dorma sopra il copriletto. Va a prendere una coperta nell'armadio e gliela appoggia addosso, in modo che non abbia freddo durante la notte. Spegne la luce e si infila sotto le lenzuola con tutta la delicatezza di cui è capace. Le gira le spalle, nella vana illusione di farla sparire dalla sua mente.

24.

Quando Henriette viene svegliata dalla luce che filtra attraverso le tende, è disorientata. Ha un momento di panico e, girandosi, si trova davanti il corpo di Auguste addormentato. L'accappatoio che indossa si è aperto durante la notte, lasciandogli scoperto il torso nudo. Immersa nella contemplazione, non si aspetta che lui apra gli occhi. Cacciano entrambi un grido di sorpresa.

«Henriette?»

«Auguste?»

Poi gli eventi della sera prima riaffiorano, e ricompongono i pezzi della storia.

«Ti sei addormentata come un sasso, ieri sera.»

«Incredibile...» mormora lei.

In altre circostanze, Henriette apprezzerebbe la comicità della situazione. Lei, che di norma avrebbe dovuto essere stesa con una mazzata per poter dormire accanto a un uomo! Per quale magia è crollata in pochi minuti? "Una magia che porta l'etichetta di un cru della Toscana", la prende in giro la vocina nella sua testa. A meno che la lunga serie di prove ed emozioni non abbia avuto la meglio sulle sue abituali resistenze ad abbandonarsi al sonno... "E se fosse perché, per una volta, mi sono sentita serena?" "No!" la schernisce la fifa, custode dei suoi dubbi. "Eri ubriaca, sfinita, esausta... Non c'è altro da cercare. Cosa ti immagini?"

«Vado a fare la doccia.»

Si rifugia in bagno e si chiude dentro a doppia mandata. Il suo riflesso nello specchio le strappa un grido di orrore. Non ha nemmeno il beauty-case per sistemarsi. Comunque, l'acqua calda la conforta. Oggi deve assolutamente darsi un contegno davanti a Auguste. Mostrare così le sue fragilità la sera prima... che disastro! Si odia per essersi lasciata andare in quel modo. Il ricordo dell'attacco di panico in macchina le fa provare una vergogna indescrivibile. Quando esce dal bagno ha ancora i capelli umidi, ma dice a Auguste in tono secco che lo aspetta giù per colazione. La tartaruga si è ritirata di nuovo nel guscio: lei non vuole più lasciare trasparire la propria ipersensibilità.

Auguste non è di umore migliore. Ha passato una notte orribile, a tormentarsi. Non avrebbe mai dovuto guardarla dormire. Con i piccoli pugni serrati, le smorfie quasi infantili nel sonno, il corpo raggomitolato in posizione fetale... e, allo stesso tempo, la finezza e la grazia delle forme femminili la cui bellezza gli si è rivelata mentre lei si abbandonava nelle braccia di Morfeo in quel letto sconosciuto. Sì, si è addormentata accanto a lui, mettendo in qualche modo nelle mani di Auguste la responsabilità del suo sonno. Questo lo ha sconvolto. È come se, implicitamente, gli avesse affidato il compito di vegliare su di lei. Il giorno prima, nel giro di poche ore, ha visto una donna forte e al contempo fragile, così viva, così completa, in fondo... Perciò stamattina è scioccato come dopo una rivelazione. Henriette gli è apparsa nella sua cruda verità, ha mostrato i suoi aspetti più intimi. La maggior parte delle volte, Auguste considera le persone superficiali. I diversi volti di Henriette, invece, lo affascinano. È colpito dalla vulnerabilità che lei si sforza di nascondere. È proprio questo che gli è piaciuto: vedere la forza e la determinazione dietro la sofferenza. Sembrava così in imbarazzo dopo il suo attacco di panico! Eppure lui non solo non ne era infastidito, ma aveva anche provato una grande empatia e un desiderio di darle la sicurezza di cui probabilmente aveva bisogno.

"Auguste, sei fuori di testa!" Si rende conto che quelli sono discorsi che si fanno quando si ha intenzione di sedurre una donna. Ma, primo, Henriette è una collega di lavoro. Secondo... Non c'è bisogno di aggiungere altro! È una collega e basta, quindi la faccenda finisce lì. Scatta un dialogo interiore: "Ti ricordo che hai un piccolo problema con le donne per cui ti prendi una cotta". "Io, una cotta? Ma figuriamoci! Il fatto che questa ragazza risvegli il mio istinto di protezione non significa che sia infatuato di lei..." "Allora perché sono dieci minuti che cerchi di pettinarti davanti a questo specchio?"

Irritato, Auguste prende lo zaino e raggiunge Henriette per fare colazione.

Come ieri, si è messa gli occhiali da sole. Peccato. Gli sarebbe piaciuto vederle gli occhi, per provare a decifrare il suo stato d'animo rispetto agli eventi del giorno prima. Fatica sprecata. Lei resta chiusa nel suo mutismo e si limita ai gesti essenziali, come portare la tazza di caffè bollente alla bocca e tuffarci dentro il naso.

Francesco Conti si avvicina a loro. «Siete pronti?»

«Come?»

«Andiamo?»

«Ah, sì! Sì! Andiamo!»

L'uomo percepisce il cambiamento d'umore dei suoi ospiti. Ah, i francesi! In quanto a notti folli sono dei veri esperti, ma al risveglio è tutta un'altra faccenda! Comunque non ha dubbi: tra quei due c'è qualcosa...

Per tutto il tragitto, Henriette e Auguste indossano una maschera di cortesia e distacco. Lui si strofina discretamente la caviglia.

«Ti fa male?»

«Sì. È ancora gonfia», risponde senza guardarla.

«Tieni, prendi questo.»

Henriette tira fuori dalla borsa un analgesico, omettendo di dirgli che con quello che ha lì dentro potrebbe essere una farmacia ambulante. Anticipa anche la sua richiesta di un sorso d'acqua: ha sempre una bottiglia con sé. Auguste è sorpreso, lo si vede dalle sopracciglia inarcate. Tuttavia non fa commenti e si perde di nuovo nei suoi pensieri mentre osserva il paesaggio toscano scorrere fuori dal finestrino. Francesco Conti li lascia all'hotel di Firenze e si fa promettere che torneranno a trovarlo. Lo ringraziano entrambi calorosamente, poi vanno a recuperare i bagagli prima di prendere un taxi per l'aeroporto. Auguste fa un salto all'autonoleggio per dichiarare il loro «sinistro», che tale non è, e chiedere che provvedano a recuperare l'auto nel luogo indicato. Si incarta nelle spiegazioni, come la sera prima con l'hostess.

«No, l'auto non ha niente. Solo che io non potevo più guidarla. Sì, mi sono distorto la caviglia. Ma, no, non c'è stato un incidente e nemmeno un guasto, le dico.»

Finisce per alzare la voce.

«Bene, potete, sì o no, andare a recuperare l'auto?»

Restituisce le chiavi e fornisce le coordinate precise. L'impiegato spiega che non potranno restituirgli la cauzione prima di aver verificato lo stato del veicolo. Auguste se lo aspettava e non batte ciglio.

Henriette lo sta aspettando fuori.

«È andata bene?»

Nella voce di lei percepisce una nota di colpevolezza e, ancora una volta, prova il desiderio di rassicurarla.

«Ehi! Non preoccuparti. Succede a tutti di bloccarsi, di tanto in tanto.»

Henriette lo ringrazia ma ha un'espressione imbronciata. È di cattivo umore. Eppure ha dormito, lui ne è testimone. Decide di attenersi alle sue buone risoluzioni: mantenere le distanze. Mentre aspettano il volo in un bar all'aeroporto, lei sfoglia una rivista con studiata nonchalance. Lui fa finta di leggere le mail arretrate. Sono cortesi l'una con l'altro, come se fossero due estranei. Quando salgono sull'aereo, le lascia il posto accanto al finestrino. Henriette insiste affinché lo prenda lui. Si profondono in cortesie fino a quando la hostess li prega di sedersi perché stanno bloccando il passaggio. Durante il decollo, Henriette prega in silenzio mantenendo il volto impassibile. Auguste, invece, nella sua testa parla con Maverick per tranquillizzarsi. La prima ora di volo fila liscia. Poi le condizioni meteorologiche peggiorano. Di colpo c'è un vuoto d'aria. A quanto pare nessun aereo riesce a evitare le zone di turbolenza! Tutti e due cacciano un urlo e d'impulso si prendono per mano. Si è accesa la lucetta rossa per invitare i passeggeri a tenere allacciate le cinture. Henriette la odia. Stringe ancora più forte la mano di Auguste. Lo guarda. "Avrà paura anche lui?" si chiede, sorpresa di vedere che ha il viso contratto.

«Va tutto bene, Henriette.»

Quella frase la commuove: si prende la briga di rassicurarla, nonostante non sia tranquillo nemmeno lui. Ma se non fossero accomunati dalla paura, quelle quattro parole non avrebbero lo stesso sapore. Così assumono maggior peso.

In cabina la luce si spegne e si riaccende, creando ulteriore caos. Spenta, accesa, spenta... La mano di Henriette trema in quella di Auguste. Nasconde il volto nel suo collo. Sono così vicini che percepisce il respiro affannoso di lui contro la tempia. E poi, stranamente, in quel momento di terrore d'un tratto si sente calma. Quella sensazione sembra durare un'eternità. Alla fine la luce verde si riaccende. Hanno superato la zona di turbolenza. Si guardano. Sanno. Sono consapevoli di essere sfuggiti al peggio, ma anche del fatto che in futuro li attende qualcosa di più bello e di altrettanto terrificante. I sentimenti che stanno sbocciando dentro di loro.

25.

Philippine ha ricevuto la lettera di Kenzo e gli ha dato appuntamento in un caffè. Lui prova un'immensa gratitudine per il suo amico Tony. Sotto quell'aria grezza, ha un cuore d'oro. Kenzo è rimasto molto colpito dal testo che ha scritto.

«Sei un artista, parola mia!» gli ha detto. «Dovresti dedicarti alla scrittura...»

«Immagina che cosa direbbero i ragazzi se scoprissero che mi sono trasformato in un poeta della domenica! Si farebbero delle grasse risate alle mie spalle!»

Tony non ha tutti i torti. Nell'universo dei giardinieri non c'è spazio per la sensibilità e la delicatezza. È un mestiere duro, fisico e, di riflesso, da veri uomini. Detto fuori dai denti, amare la poesia non è abbastanza virile. Nel loro ambiente si maneggiano più la cazzuola e la pala che il foglio e la penna.

«In ogni caso, mi è piaciuto molto quello che hai scritto!»

Kenzo si è accorto che i suoi complimenti hanno fatto piacere al collega, anche se li ha liquidati imbarazzato con un: «Non è niente». Pudore maschile.

Ora Kenzo sta camminando a passo spedito verso il luogo dell'appuntamento. Sente di avere il vento in poppa. È sicuro, con quella lettera, di aver conquistato definitivamente il cuore della sua amata. Entra nel caffè e la vede. La trova bella con quel caschetto corto che lascia scoperto il collo elegante. Tiene gli occhi chini sullo schermo del cellulare, intenta a scrivere messaggi. Kenzo vede muoversi le dita ornate di anelli di ogni tipo, con le unghie lunghe.

Philippine ha un gusto estetico molto pronunciato. Le piacciono la nail art e i piercing. Lui ama il gioiello che le adorna la narice. Ma quello che preferisce è nascosto agli occhi di tutti, in una zona sensibile in cui adora indugiare... Finalmente lei alza gli occhi e lo vede. Quando però le rivolge un largo sorriso, rimane di ghiaccio. La raggiunge e le si siede di fronte, confuso. Sta riaffiorando quell'orribile sensazione di essere uno stupido. Gli è sfuggito di nuovo qualcosa? Di che si tratta? Perché mai non sembra contenta di vederlo dopo aver ricevuto una lettera d'amore così bella? Si agita nervoso sulla sedia.

«Ciao.»

«Ciao», risponde lei, sulle sue.

Lui intravede la lettera, che ha avuto cura di ricopiare a mano e inviare per posta.

«Ah, hai ricevuto la mia lettera.»

«Già...»

«Pensavo che ti avrebbe fatto piacere.»

Philippine si chiude nel silenzio e Kenzo sente crescere dentro di sé il disagio. Tiene moltissimo a questa ragazza e ora con lei gli sembra di avere sbagliato tutto. È sulle spine, non sa se ha più voglia di piangere o di stracciare quel maledetto foglio! Cerca di nascondere le proprie emozioni come può.

«Mi spieghi?»

«Cosa?»

«Cosa c'è che non va in quello che ti ho scritto?»

«Niente.»

«Come, niente?»

È possibile che sia un cretino totale? Perché non capisce dove lei voglia arrivare...

«Niente», ripete Philippine in modo irritante. «La lettera è perfetta. Belle frasi, stile impeccabile, nessun errore di ortografia.»

Lui sbarra gli occhi, ancora più sconcertato per quei complimenti.

«Be', e allora? Non capisco...»

«Non c'è niente da capire, Kenzo! Il fatto è che non sei

stato tu a scrivere quella lettera! E che mi hai presa per una stupida!»

Ora i suoi occhi sono fiammeggianti di rabbia. Kenzo impallidisce, attonito e indignato.

«Prenderti per una stupida? Ma è proprio il contrario! Volevo dirti quello che provo e che tu fossi orgogliosa di stare con me!»

Lo fissa con uno sguardo freddo e inquisitorio. «Abbi il coraggio di ammetterlo! Non sei stato tu a scrivere la lettera.»

«È vero! Sei contenta adesso? Non l'ho scritta, ma tutte le parole che contiene sono esattamente quelle che volevo dirti!»

Senza accorgersene hanno alzato la voce e la gente nel caffè si sta girando a guardarli.

«Ah, sì? E perché hai dovuto chiedere a qualcun altro di scriverla? Non sei abbastanza ispirato quando pensi a me?»

Kenzo si rende conto del grande malinteso. «Ma certo che sono ispirato, e molto più di quello che puoi immaginare! Solo che...»

«Solo che cosa?» si innervosisce lei.

Esita a confidarsi, tormenta con le dita la bustina di zucchero che gli hanno portato con il caffè. E se ridesse di lui?

«Solo che non ho le parole!» sbotta con rabbia.

«In che senso?» Questa volta è lei a non seguirlo.

«Faccio fatica a esprimermi, capisci? Non sono mai stato bravo a scuola. Se ti avessi scritto io una lettera, sarebbe stata piena di errori e imperfezioni! Invece volevo qualcosa che fosse degno di te! Ecco, ora che sai tutto, puoi pure mollarmi!»

Kenzo si alza per andarsene, ma lei gli prende la mano. Allora si risiede, con il respiro affannoso, le guance arrossate e le narici dilatate. Philippine si china verso di lui, in modo che sia il solo a poter sentire le sue parole.

«Me ne frego delle belle frasi degli altri. Avrei preferito le tue parole contorte e mal scritte, quelle che ti sarebbero venute in mente pensando a me!»

«Ah!»

Rimane interdetto. Non sa più cosa dire. «Sei sicura?» chiede alla fine.

Lei fa di sì con la testa. Lui guarda la mano che è ancora nella sua e tenta il tutto per tutto.

«Questo significa che vuoi continuare a stare con me?»

Lo tiene in sospeso per qualche secondo, poi annuisce di nuovo. Kenzo sente il cuore battere forte nel petto mentre le labbra di Philippine si avvicinano alle sue. Rivolge un pensiero al suo amico Tony. È disposto a fargli da scudo contro i chihuahua fino alla notte dei tempi, per ringraziarlo...

26.

Il silenzio a tavola è pesante.

«Ora basta, Maël! Finisci il purè!»

Tony lancia uno sguardo furtivo alla moglie e non dice nulla. Dopo la storia della lettera, gli tiene il muso. Kenzo non fa che ringraziarlo e incensarlo, ma lui sarebbe più propenso a mandarlo a quel paese. È a causa sua se con Isabella si è guastato tutto. Ha cercato mille volte di spiegarle che la lettera era solo un esercizio di stile per aiutare il collega, ma non c'è niente da fare, ce l'ha con lui. Ritiene non sia normale che ci abbia provato tanto piacere. Di solito, le cose tra loro vanno piuttosto lisce: la casa, i bambini... è un ménage ben oliato. Quell'episodio, però, sembra aver aperto una breccia. Tony sente che sua moglie si trattiene ma è sul punto di esplodere. Manda i bambini a giocare e incarica il maggiore di dare un'occhiata ai due più piccoli. Chiude la porta del corridoio. Isabella si è rifugiata vicino alla finestra e gli dà le spalle. Si avvicina e le tocca il braccio. Lei si ritrae.

«Isabella! Ti prego, parlami. Lo sai benissimo che quella lettera era finta! Non vedo perché devi essere così arrabbiata...»

Isabella si gira verso di lui e Tony, vedendo che ha gli occhi velati di lacrime, fatica a comprendere il motivo della sua commozione. Lo guarda in silenzio, con anni di parole non dette bloccate in gola. Il tappo è a tenuta stagna. Le emozioni non riescono a defluire. Con tutta la dolcezza di cui è capace – ovvero quella di un orso a cui si chieda di ricamare un centrino all'uncinetto – la invita ancora una volta ad aprirsi.

«Quella lettera... quella lettera non era per me, ma per una donna che non esiste.»

«Infatti! Per questo la cosa non dovrebbe ferirti.»

«E invece ti sbagli! Quella donna di fantasia ti ha ispirato. Le parole ti sono venute perché l'hai immaginata bella e attraente. Io invece...»

«Tu cosa?»

«È da tanto che non mi desideri più!»

Tony arrossisce per la contrarietà e la confusione. «Non è vero! Facciamo l'amore almeno una volta alla settimana, nonostante il lavoro e i bambini. Non è forse la dimostrazione che ti desidero ancora?»

Ma non c'è peggior sordo di chi non vuol sentire.

«Credi che non sappia di non essere bella?»

«Ma cosa stai dicendo? Per me sei la donna più bella del mondo!»

Isabella scoppia a piangere, sembra inconsolabile. «No, non è vero! Non sono bella.»

Disperata, pensa ai suoi brutti piedi. «Alluce valgo» è la definizione scientifica, neutra, ma la gente chiama quelle tumefazioni «cipolle», una parola orribile che l'ha sempre turbata. Era giovane quando avevano iniziato a formarsi, eppure si ricorda ancora di come i compagni la prendevano in giro in piscina. «Cos'hanno i tuoi piedi? Sono strani. Ma restano così? Hai due gobbe...» Si vergognava così tanto! E più il tempo passava, più il complesso si ingigantiva, finché non era diventato un grosso problema. Ogni volta che pensava a quella piccola brutta gobba, visualizzava l'immagine di un'orribile cipolla puzzolente. Così aveva iniziato a considerarsi una persona repellente. A peggiorare la situazione, dopo le gravidanze si erano aggiunti gli inevitabili rotolini di grasso e le occhiaie per le notti insonni. Con il suo stile di vita era difficile che si trasformasse in una musa capace di ispirare poesie d'amore! Di solito non ci faceva caso, impegnata com'era a sbrigare le faccende quotidiane. Difficile trovare il tempo per lambiccarsi il cervello con afflati di sentimentalismo. Ma adesso è diverso. Scoprire il talento di suo marito per la scrittura creativa l'ha sconvolta. Una parte di lei desidera così tanto essere oggetto di simili dimostrazioni d'amore...

Tony si avvicina per abbracciarla, ma lo respinge, scontrosa. «Oh, no, è troppo facile!»

Lui perde la pazienza. «Cosa vuoi che faccia, allora, porca miseria?»

Non osa confessargli apertamente che vorrebbe che le scrivesse una bella poesia. Il fatto che non ci arrivi da solo la fa arrabbiare.

«Prova a pensarci. Chissà, magari ti verrà un'idea!»

Tony percepisce il sarcasmo nella sua voce e gli vengono i nervi, in quanto ritiene di essere vittima di un'ingiustizia. «Bene, continua pure a fare il broncio, visto che ti piace, a quanto pare! Io me ne vado al lavoro. Almeno lì i ragazzi non mi rompono le scatole!»

«Sì, sì, vai! Corri a giocare con i tuoi amichetti!»

Tony non raccoglie la provocazione. Proprio lui, che lavora sodo per portare a casa un salario che garantisca una vita decente alla sua famiglia. Esce sbattendo la porta e, una volta solo al volante del furgone, cerca di analizzare le emozioni che sta provando. È furioso e allo stesso tempo dispiaciuto, perché detesta litigare con sua moglie. Lo fa star male vederla contrariata. Forse non glielo dice abbastanza, ma lei è la sua bussola, la sua stella polare: senza Isabella, la vita sarebbe un disastro. Che seccatura che quella storia della lettera crei tanti problemi a casa... "Peccato", pensa. Si era divertito a scriverla, come se le parole gli avessero rivelato una parte di sé stesso di cui non sospettava l'esistenza e che gli piaceva molto. Non credeva di essere un tipo creativo, ma scoprire di sapersi esprimere in quel modo gli ha aperto di colpo prospettive inedite e gratificanti. Isabella non dovrebbe essere contenta che lui si appassioni a una nuova attività? Non le capirà mai, le donne. Che rompicapo riuscire a soddisfarle! "Devo dirlo a Kenzo", riflette mentre parcheggia davanti a Eden Garden.

Appena entra in studio si imbatte in Auguste e Henriette, che stanno discutendo sulla soglia della sala riunioni.

«Ciao. Allora, com'era la Toscana?»

Poi gli cade l'occhio sulla stampella appoggiata al muro.

«Ti sei fatto male?»

«Sì, mi sono distorto una caviglia.»

«Mi sa che il vostro viaggetto non è stato di tutto riposo!»

Tony fa vagare lo sguardo da Henriette a Auguste. Gli pare di percepire un certo imbarazzo. È vero che quei due erano già ai ferri corti anche prima... Non è facile affrontare un viaggio di lavoro quando non ci si sopporta!

«Siete riusciti a trovare le piante rare per i clienti?»

«Sì, sì», rispondono in coro.

«Perfetto, allora... Noi abbiamo fatto progressi sul cantiere. Avete visto Kenzo?»

«Sì. È uscito a comprare il tabacco. Tornerà tra poco.»

Tony ringrazia e decide di andargli incontro. Gli piacerebbe riuscire a intercettarlo fuori per sottoporgli il suo problema personale. Ha bisogno del parere di un altro uomo. Deve assolutamente sistemare le cose con Isabella.

Henriette e Auguste si guardano con diffidenza. Dopo il viaggio in Italia, niente è più stato lo stesso. Il clima tra loro è soggetto a cambiamenti repentini, passando dal caldo al freddo. Più l'attrazione si fa sentire, più prendono le distanze per ristabilire un distacco professionale al limite della glacialità. Ognuno dei due, per ragioni diverse, preferisce negare i segni premonitori di una storia d'amore. Henriette è stata sgarbata con Auguste, una reazione ingiusta ma inevitabile: mortificata per aver mostrato quel lato di sé, con la crisi di panico in diretta in automobile, è convinta che lui la consideri ridicola e bizzarra, anche se non lo dice. E istintivamente, per proteggersi, preferisce respingerlo prima di essere respinta. Si vergogna di essersi fatta vedere vulnerabile, in uno stato così deplorevole. Quasi gliene vuole per la sua gentilezza, perché ha l'impressione che la compatisca. E non è interessata alla sua pietà. Sa che un uomo come Auguste non può essere attratto da una donna come lei, con tante falle e debolezze. Dall'incidente, le chiede spesso come sta, cosa che la indispone moltissimo. Vorrebbe dimostrare che sa anche essere forte, che non è sempre quella piccola creatura fragile che crolla quando la situazione si fa dura. Peccato che, per lei, essere forte significhi chiudersi in sé stessa e comportarsi con freddezza. Indossa una maschera di imperturbabilità. Lui non deve assolutamente percepire il suo disagio e ancor meno il suo turbamento crescente. Questo cambio di atteggiamento non è sfuggito a Auguste, che appare disorientato. La personalità complessa di Henriette gli suscita emozioni contrastanti. A un certo fastidio, all'eccitamento per la competizione e a un'ammirazione condita con un pizzico di invidia per il suo indiscutibile talento dei primi tempi inaspettatamente si sono ora affiancati sentimenti più teneri. Si è guadagnata il suo rispetto durante quella lunga giornata al vivaio, in cui ha ammirato anche la prontezza con la quale gli ha prestato soccorso. E quando è crollata in auto dopo avere sbagliato l'uscita dall'autostrada, la sua fragilità lo ha commosso, lasciandolo disarmato. È stato davvero felice di poterla aiutare, di rendersi utile a sua volta. In quante occasioni gli è capitato di sentirsi soffocare per l'impossibilità di mostrare la minima debolezza? Non dimenticherà mai il giorno in cui, da bambino, durante una passeggiata nel bosco, un fulmine era caduto nelle vicinanze e si era messo a piangere. Suo padre lo aveva schiaffeggiato. «Vuoi spaventare tuo fratello?» La lezione era chiara: doveva tenere un comportamento esemplare in ogni circostanza, essere forte, non lasciar trapelare le sue emozioni. Un fardello pesante per le sue piccole spalle di allora. Ma anche per quelle dell'uomo che è diventato. Non ricevere supporto nei momenti in cui avrebbe avuto bisogno di essere rassicurato invece che giudicato ha lasciato in lui una crepa. La vulnerabilità di Henriette fa riemergere la sua. Si era curato di seppellirla dentro di sé, al riparo dagli sguardi, ma sa che la ferita è ancora aperta, come risulta evidente nelle sue relazioni con le donne. Quella tremenda paura di fallire gli rovina la vita e gli impedisce di essere felice in amore. Stringe le dita attorno al bicchierino del caffè e scruta Henriette, cercando di capire che cosa le stia succedendo. Lei interrompe il contatto visivo e decide che la pausa è finita.

«Andiamo.»

Non è una domanda, bensì un'affermazione. Sta per avviarsi verso l'ufficio quando lui la trattiene per il braccio.

«Henriette?»

Si volta, sorpresa. Auguste le si avvicina con passo incerto, per via della caviglia non ancora del tutto guarita ma soprattutto per l'imbarazzo che gli crea parlarle di un'idea che gli frulla in testa. Lei spalanca gli occhi. Colta alla sprovvista, non ha il tempo di nascondere lo stupore, e così Auguste riesce a cogliere quella luce speciale che aspettava da giorni e all'improvviso qualcosa si allenta dentro di lui. Un sorriso gli affiora sulle labbra, suo malgrado.

«Sì?» chiede lei per dissimulare il disagio.

«Niente...»

Henriette si libera dalla presa con aria seccata per tornare alla postazione di lavoro. Lui osserva la sua silhouette che si allontana, con quegli strani vestiti che gli sono ormai familiari. Abiti improbabili che però le conferiscono un look unico. Oggi si è messa una tuta patchwork vintage larga con sotto un dolcevita nero di lana sottile. Il suo corpo esile ci balla dentro. Tutt'a un tratto lui prova il desiderio di infilare le mani lateralmente...

«Vieni?»

Con tono perentorio lo richiama all'ordine, interrompendo la sua fugace fantasia. Farà fatica a concentrarsi, ma ormai è troppo tardi per recriminare: il danno è fatto. O forse è un bene, non sa come interpretarlo. Ha voglia di lei, e non solo... Avverte già quell'inquietante pizzico di sentimentalismo che si aggiunge al desiderio e che complicherà tutto. Farebbe meglio a lasciar perdere. In fondo, nel giro di qualche settimana il progetto sarà finito e lei sparirà così come è apparsa. Lui potrà riprendere normalmente la sua vita... Senza rischiare di esporsi e di non dimostrarsi all'altezza. In quest'ottica, che sollievo! O che peccato...

«Che cosa ne pensi di questa idea?»

Si rende conto che Henriette aspetta una risposta, ma non ha ascoltato una parola di ciò che ha detto. La richiesta gli esce spontaneamente dalla bocca: «Vuoi cenare con me?». D'impulso ha lanciato il cuore oltre l'ostacolo. "Che ti prende, idiota?"

Lei lo guarda a bocca aperta, impietrita dall'incredulità. Un momento di silenzio. Diversi momenti di silenzio, in realtà. Dirà di no, è sicuro.

«Va bene.»

Accidenti, ha detto di sì. Adesso dovrà farsene una ragione. E anche affrontare quella cosa meravigliosa e inquietante che è il turbamento amoroso.

27.

Il letto di Henriette è coperto di vestiti. A giudicare dall'altezza della pila, si direbbe che abbia tirato fuori tutto il guardaroba. Scegliere l'abito adatto sembra un'impresa insormontabile. Auguste ha prenotato un tavolo in un ristorante italiano un po' sciccoso, probabilmente per via del loro viaggio in toscana. Henriette ha guardato delle foto del posto su internet: lampadari di vetro di Murano, velluti rossi e lacca nera. Questo la convince a escludere le solite mise eccentriche. Cerca disperatamente qualcosa di classico, missione non facile in mezzo a tutta quella roba piena di colori e fantasie. Alla fine scova un tubino nero in tessuto stretch. Non l'ha mai messo perché le sembrava troppo aderente, e lei odia attirare l'attenzione sul suo corpo. Trova anche una giacca rossa; è un po' abbondante ma servirà a coprire il tutto. "Perché ho accettato di andare a questa maledetta cena?" pensa mentre si trucca. L'ha colta così di sorpresa che non ha avuto il tempo di mettersi sulla difensiva. Ha detto di sì. È stato come se la verità si fosse fatta strada da sola. Perché Henriette voleva ricevere quell'invito, a dispetto delle proprie paure. Auguste le piace, anche se erano partiti con il piede sbagliato. Ma ora si rende conto di quanto sia importante il progetto dei De Montlhéry per lo studio e delle ragioni per cui lui sulle prime l'avesse vista come una rivale. Poi hanno imparato a conoscersi. Gli uomini di solito la mettono sotto pressione; con Auguste, invece, si sente a suo agio. Stasera però è diverso. Stanno per superare una soglia: impossibile far passare quella cena per un incontro di lavoro. Entrambi sanno che è un appuntamento. L'ambiguità è stata rimossa e la fifa cresce di ora in ora. La sua macchina dei disastri immaginari si mette in moto da sola: "Un guasto alla metropolitana, un vagone affollato come una scatola di sardine, l'imboscata di un venditore ambulante, una cartomante appiccicosa o magari il cellulare che non prende, e senza navigatore non troverò mai il posto...".

Nulla di tutto questo accade.

Henriette entra nel ristorante in perfetto orario. Mai un viaggio in treno è filato così liscio. Ha preso la coincidenza senza dover aspettare. Nessun ostacolo le ha intralciato il percorso. Auguste non è ancora arrivato. Ha perfino il tempo di andare in bagno a rinfrescarsi e a darsi un'ultima occhiata allo specchio per vedere come le sta l'abito. Infila le mani nel reggiseno per sistemarlo meglio e fa un suo sorriso a trentadue denti per verificare che non siano macchiati di rossetto. Sembra tutto a posto. Fa un respiro profondo prima di tornare in sala. Auguste non c'è. Sono le 20.10. Delusa, si siede e ordina un bicchiere d'acqua frizzante per darsi un contegno. "Ma che combina?" Cerca di scacciare dalla mente lo spettro del bidone.

A pochi metri di distanza, sul marciapiede di fronte, da dieci minuti Auguste esita a entrare. È una scemenza colossale quella serata? Henriette non è certo il tipo di ragazza con cui si esce una sera per divertirsi. Per di più è una collega. "Allora, a che gioco stai giocando?" si chiede con severità. Non sta giocando. È proprio questo che lo preoccupa. Un presentimento. L'intuizione che potrebbe trattarsi di una storia vera. Nel senso di una relazione più coinvolgente, più impegnativa, più... tutto. Il «più tutto» è il luogo delle pressioni per antonomasia. Quando si tratta dell'avventura di una notte, non c'è obbligo di dimostrarsi all'altezza, non ci sono implicazioni. Non c'è il rischio di deludere qualcuno ma, anche nel caso in cui accadesse, non ci sarebbero recriminazioni e altre conseguenze spiacevoli. Gli sudano le mani. Questo appuntamento, tuttavia, lo vuole. Sa quanto potrebbe fargli piacere se solo riuscisse a liberarsi di quella maledetta tensione. Arriva quasi a rimpiangere i primi tempi in cui non provava nulla per lei. Guarda l'orologio: le 20.20. Non può farla aspettare ancora, deve decidersi a entrare. Quando si presenta al tavolo, Henriette si alza di scatto. Lui si scusa, adduce la falsa giustificazione di essere rimasto bloccato nel traffico, finge di essere trafelato. Così non deve rendere conto del respiro corto che gli è venuto nel vederla con quel vestito aderente che rivela tutte le sue curve, di solito nascoste sotto gli abiti larghi.

«Stai benissimo.»

Lei arrossisce sotto il blush che mette in risalto lo splendore dei suoi occhi azzurro piscina. Minimizza. «L'ho pagato quattro soldi in un mercatino delle pulci.»

Ancora una volta, lo ha stupito. Poche donne ammetterebbero di indossare un vestito a buon mercato. Ma lei non è come le altre: non si conforma e non si sforza di sembrare quella che non è. Le invidia quella forma di libertà.

«Hai avuto il tempo di guardare il menu.»

«In effetti! Le linguine alla bottarga sembrano squisite!»

«Ottima scelta. Io sono tentato dalle penne con fiore di burrata.»

Arriva un cameriere.

«Signora, signore, desiderate bere qualcosa?»

Porge a Auguste la carta dei vini. È decisamente ben fornita. Cosa scegliere? Non vuole sembrare un neofita davanti a Henriette. Si affida alle regioni e decide di prendere un Ruffino, un vino della Toscana.

«Non sarà mai buono come quello che abbiamo bevuto da Francesco alla tenuta Conti, ma sono sicuro che si sposerà bene con i nostri piatti!»

«Ottima scelta, signore. Questo Libaio ha un bouquet molto gradevole, note fruttate e leggermente minerali che dovrebbero piacere alla signora.»

La signora in questione gli rivolge un sorriso gioioso. Sembra al settimo cielo. Auguste non l'ha mai vista così rilassata e raggiante. È semplicemente splendida, e si chiede se sia lui a farle questo effetto. Se il bagliore che ha negli occhi significa ciò che pensa lui, ha buoni motivi per preoccuparsi. La sua ansia si alza di un'altra tacca. Il cameriere riempie i bicchieri e aspetta che lui assaggi. Beve tutto d'un fiato e approva. Henriette lo osserva e gli sorride. Auguste ha un gran caldo, in parte perché il locale è affollato, ma soprattutto per colpa della sua stupida emotività, che si manifesta solo in circostanze del genere. Le possibili implicazioni sentimentali lo sconvolgono. Dentro di lui si mette in moto un meccanismo psicologico. Teme i granelli di sabbia che possono finire negli ingranaggi. Le esperienze negative del passato hanno generato una paura tenace, e ora ha paura della paura. Capisce di essere sotto stress e, capendolo, si stressa ancora di più. Vorrebbe togliersi la giacca, ma pensa con orrore agli orrendi aloni sulla camicia bianca. Così la tiene addosso.

«Non hai caldo con quella giacca?»

«No, no, per niente...»

Lei avrebbe giurato di sì. Non importa. Sta passando dei momenti deliziosi. Percepisce che Auguste è turbato e, complice il vino, si lascia prendere da una dolce euforia: per una volta, la sua ansia le dà tregua! Focalizzando tutta l'attenzione su di lui si è dimenticata di essere nervosa. "Mi sa che lo sto fissando..." Lo trova bello. Non riesce a credere che sia seduto lì con lei, per lei. Lui chiede il conto. Si guardano in silenzio, si pongono la stessa domanda. "E dopo?" Cercano l'uno una muta approvazione nell'altra. Henriette sorride.

All'uscita, Auguste la bacia sotto un androne. Le sue labbra sono dolci e calde. Anche appassionate. Era da tanto tempo che baciare una donna non gli sembrava così delizioso. "Allora vai, vai, ragazzo mio! Smettila di farti mille problemi e goditi il momento!"

«Vuoi venire da me?» le sussurra all'orecchio.

Non sembra sorpresa. Si aspettava quella proposta. L'esito della serata era così scontato? Annuisce. Sarebbe davvero felice se quella maledetta ansia si decidesse a dargli tregua...

28.

Cominciano ad amoreggiare già nell'ingresso. Entrambi travolti dalla stessa passione, si abbandonano l'uno all'altra con ardore. Henriette, attonita, non riesce a credere di essere tra le sue braccia, di baciarlo in modo selvaggio come se fosse del tutto normale. Prova sensazioni inebrianti. Ha voglia di lasciarsi andare completamente. L'alchimia è immediata, come se la loro pelle comunicasse. Trattiene il respiro quando lui le accarezza la schiena con il palmo della mano calda, dopo averle abbassato con lentezza la cerniera dell'abito. Auguste bacia come piace a lei. Da adolescente, era stata a lungo disgustata dall'idea che un ragazzo le mettesse la lingua in bocca. Lo trovava strano, inquietante. Ancora oggi detesta gli uomini che esagerano in quel senso o i baci troppo umidi. Ma lui non rientra nella categoria. Si chiede che cosa penserà dei suoi seni. Li guarda e li accarezza a lungo, dopo aver fatto scivolare il tubino nero sulle scarpe con il tacco, così insolite per lei. Li libera e li assapora avidamente, mentre lei affonda le dita nei suoi capelli setosi. Cerca di slacciargli i bottoni della camicia. Fa fatica. Le manca un po' di pratica. Lui la aiuta, se la toglie e la lancia lontano.

«Non ci faremo certo fermare da una camicia!»

Henriette ride. È musica per le sue orecchie. Non è una risata sofisticata o trattenuta. È il tipo di risata che viene dal cuore. I loro abbracci diventano più focosi. Si scoprono a tremare leggermente. Tanta voluttà tutta d'un colpo li destabilizza un po'. Henriette non si stanca di accarezzargli il torace dai muscoli in rilievo. Ha la pelle molto morbida, una dote rara in un uomo. È un petto che crea dipendenza: le fa l'effetto di una calamita. Sono sdraiati sul letto. Un letto molto grande. Lei ha un po' freddo.

«Vuoi infilarti sotto le coperte?»

Sì, buona idea. Tutto d'un tratto lui non sembra più molto a suo agio. E nemmeno lei. Non è facile ritrovarsi per la prima volta nuda nel letto di un uomo che si conosce ancora poco. È combattuta tra quel senso di estraneità e l'eccitazione. La sorprende l'intensità del suo desiderio. Auguste lo percepisce e prova allo stesso tempo un intenso piacere e una crescente preoccupazione. Riuscirà a soddisfarla? Cosa penserà del suo membro? La forma, la dimensione le piaceranno? Ricorda ancora, nei bagni della scuola, durante la ricreazione, quella stupida gara tra ragazzini a chi ce l'aveva più grosso. Se ne stava lì con i pantaloni abbassati e gli occhi fissi sull'appendice dei suoi compagni. Brutta storia essere sorpresi con il pisello di fuori dalla maestra e beccarsi una ramanzina memorabile su un tema così intimo e inconfessabile... Sente ancora la vergogna bruciante di quel momento, per non parlare della frustrazione: tutto per niente, non aveva nemmeno avuto il tempo di guardare bene gli altri per potersi confrontare. Quando Henriette gli infila la mano nei boxer, si irrigidisce, ma per l'apprensione. Maverick si bloccherà? "Non dimenticarti che dovresti essere il mio asso nella manica, amico!" Henriette lo estrae lentamente. Anche lei teme quel momento per molte ragioni. Prima di tutto, ha sempre trovato strana l'anatomia maschile. Quel fallo eretto che ne sta lì, dritto, in mezzo alle gambe, quasi indipendente dal resto del corpo, incongruo... Ci ha messo un bel pezzo ad abituarsi e, ancora oggi, quando si ritrova davanti un membro per la prima volta, ha un sussulto di timidezza e di goffaggine. Teme anche di sbagliare approccio, non sa se fare la disinvolta, fingendo una spigliatezza da call girl, o rispettare la propria sensibilità femminile. Non vuole sembrare impacciata, ma ha bisogno di tempo per trovare il coraggio di osare. Auguste percepisce la sua esitazione.

«Tutto bene?»

La sorprende che sia così attento. In senso positivo. Pochi degli uomini che ha frequentato hanno avuto una simile delicatezza

«Sì, tutto bene... sono solo un po'... emozionata.»

Emozionata! Ecco, ora la prenderà per una stupida romantica! Si morde la lingua e, per controbilanciare le sue parole, mette da parte i buoni propositi e si lancia in gesti più audaci. Auguste ansima. La fa rotolare sulla schiena e ha in mente solo una cosa: entrare dentro di lei subito. Emette un gemito di piacere mentre sprofonda nella sua umida intimità, che già lo sta facendo impazzire. In estasi, sente Henriette ripetere il suo nome.

«Auguste? Auguste!»

Sulle prime pensa che siano mugolii di piacere, ma poi Henriette lo respinge. Si mette seduta, a disagio, e incrocia meccanicamente le braccia per nascondere il seno.

«Non hai dimenticato nulla?»

Accidenti! Il preservativo. «Oh, scusami! Mi dispiace...»

«Ne hai?»

«Sì, da qualche parte...»

Auguste cerca i preservativi. Fruga nei cassetti del comodino e non li trova.

«Torno subito.»

Va in bagno e agguanta una scatola nuova nell'armadietto dei medicinali. Non riesce ad aprire la confezione. "Ma di che cosa è fatta?" si chiede irritato mentre prova a strapparla con i denti. Quando finalmente ci riesce, fissa come un cretino quel pezzetto di plastica rovina piacere e subito si ritrova con il membro a mezz'asta. Srotola il preservativo, cercando di ignorare i segnali evidenti del suo pene in difficoltà. Si innervosisce, esasperato dall'incompetenza del capriccioso Maverick.

Inizia a parlargli con gentilezza. «Se l'eroe dei letti mi facesse l'onore di tornare duro, gliene sarei grato!» Poi, meno amichevolmente: «Porca misera, Maverick, ora basta con i capricci! Sarà meglio che accendi i motori all'istante! Voglio farla volare, Henriette, voglio che oltrepassiamo la barriera del suono, noi due, hai capito?».

Nonostante il suo tono da sergente, Maverick rifiuta di fare il saluto e resta inerte. Ha la testa dura e il corpo molle. Auguste sente bussare alla porta del bagno.

«Ehi, sei lì? Va tutto bene?»

Henriette! Si augura che non l'abbia sentito. Morirebbe di vergogna.

«Sì, sì! Arrivo! Un momento.»

Cerca di prendere tempo. Ma a che serve? Alla fine dovrà uscire, affrontare lo sguardo dispiaciuto di Henriette, forse anche la sua compassione. No, non lo sopporterebbe. Ha solo un'idea in testa ora: vestirsi e andarsene. Scappare. Lasciarla lì, nel suo appartamento. Si rende conto di quanto sia assurdo, ma non vede altra possibilità. Si sente soffocare. Ha bisogno di aria. Esce risoluto dal bagno e si precipita nella stanza buia cercando a tastoni i boxer. Quando si gira, se la trova di fronte. Ha indossato la sua camicia aperta; sotto è nuda. Se ne sta lì e lo guarda con grandi occhi smarriti, come se temesse di aver fatto qualcosa di sbagliato. Lui balbetta delle scuse. Dice che non se la sente. Che forse è troppo presto. Appena ha pronunciato quelle stupidaggini se ne pente. Contro ogni aspettativa, lei concorda. Fa un passo verso di lui e gli sorride. Non pare arrabbiata. A ben guardare, sembra persino sollevata.

«Torniamo al caldo?» propone in tono dolce ma malizioso.

Si infilano insieme sotto le coperte e si stringono l'uno all'altra. Lei gli posa la testa sul petto e chiude gli occhi. Sente i battiti del cuore di Auguste rallentare a poco a poco. Il benessere generato dal calore dei loro corpi ha ragione delle ultime resistenze. Si addormentano.

29.

Tony è al volante dell'Espace. Dietro, i bambini sono agitati. Uno dei due piccoli cerca di sganciarsi dal seggiolino e, non riuscendoci, inizia a piagnucolare. Sua sorella ride. Lui le tira una sberla e la graffia. Lei piange e urla per protesta. Come se non bastasse, ha appena lasciato cadere il suo peluche e non riesce più a riacchiapparlo. Il fratello maggiore li sgrida. Così non riesce ad ascoltare la musica! Isabella, esasperata, si volta e li avverte che non avranno il gelato se non si calmano. Di colpo torna il silenzio. Tony lancia un'occhiata preoccupata in direzione della moglie per capire come sta. L'umore non è dei migliori, e ha dovuto lottare per convincerla ad andare a quel ristorante coreano dove fanno anche karaoke. «Sarà rumoroso!» si è lamentata. «Meglio, così sentiremo meno i bambini!» ha ribattuto lui. «Sono stanca, non ho voglia di uscire!» «Invece ti farà bene!» Lei, ancora imbronciata, alla fine ha ceduto. La prospettiva di non dover cucinare il pranzo quella domenica ha vinto le ultime resistenze. Da giorni Isabella si mostra chiusa e distante con Tony, e lui sa che sta ancora scontando la storia della lettera. Curiosamente, quelle tensioni hanno riacceso il suo desiderio per lei. La trova bella in quella sua fredda collera. Con ogni gesto gli fa capire che è irritata, ma nel suo atteggiamento c'è una grazia che non le vedeva da tempo. Per blandirla ha moltiplicato le piccole attenzioni: le ha preparato una spremuta d'arancia fresca, si è offerto di massaggiarle la schiena, ha rinunciato a guardare una partita importante per lasciarle vedere il suo programma preferito... Lei ha accolto tutto questo come la regina di Saba, annoiata e indifferente, cosa che ha eccitato Tony ancora di più. L'altro giorno ha parlato della faccenda a Kenzo, che è ancora dispiaciuto e si sente in colpa per avergli creato problemi. Tanto più che lui invece, grazie all'intervento dell'amico, vive un momento perfetto con la sua ragazza.

«Isabella non capisce come io possa essere stato così ispirato da una donna che non è lei. Ha l'impressione che non la desideri più.»

«Pensi che sia gelosa?» ha chiesto Kenzo.

Stavano bevendo qualcosa al bar dell'angolo.

«Chissà... comunque, sono nei guai. Non so più come comportarmi...»

«E se ne scrivessi una anche a lei?»

«Scrivere cosa?»

«Be', una lettera, una poesia!»

«Dovrei scriverle una poesia?»

«Le piacerebbe sicuramente.»

«Pensi?»

Tony ha riflettuto a lungo su quel suggerimento e si è detto che in fondo valeva la pena di provare. La sera, di nascosto, ha cominciato a mettere giù delle parole su carta. Parole d'amore, sepolte da tempo, quasi dimenticate. Sua figlia si è avvicinata e, curiosa, ha cercato di scoprire cosa stesse facendo.

«Sst! È un segreto. Non devi dire niente alla mamma. Promesso?»

Molto eccitata all'idea di una sorpresa, la piccola ha promesso e se n'è andata, con gli occhi brillanti e un sorriso smagliante, visibile solo in parte dietro il pollice che succhiava con impegno e il peluche che stringeva nella mano.

Isabella osserva suo marito di nascosto. Anche se sembra concentrato sulla strada, percepisce in lui una sorta di preoccupazione. Si chiede se non sia stata troppo dura negli ultimi giorni. Ha respinto tutte le sue avance e ignorato le sue attenzioni... È crudele. Lui, invece, si è mostrato così premuroso! Pare che la strategia di fare la principessa funzioni davvero. Le sue amiche non si stancano mai di ripetere che non bisogna permettere a un uomo di darti per scontata. «Non dimenticare il loro istinto di cacciatori. Quando è tutto in discesa, non fanno più sforzi!» le aveva detto una volta Marguerite, la sua amica d'infanzia. «E non è perché hai dei figli che devi lasciarti andare!» Isabella aveva incassato il colpo. Non se l'era presa per quelle parole brusche, ma le avevano fatto male. La sera si era guardata a lungo allo specchio e aveva dovuto ammettere che, per quanto riguardava la seduzione, aveva un po' mollato la presa negli ultimi tempi. Per rimediare il giorno dopo aveva fatto un salto in profumeria, scoprendo l'esistenza delle maschere di bellezza monouso al cetriolo, ai litchi o al tè matcha... Si era anche concessa uno scrub corpo esfoliante al frutto della passione e lime – senza smettere di chiedersi cosa significasse «scrub». Ma che importava! Aveva un profumo buonissimo! – e una crema Silky Body Butter, sicuramente una sorta di burro setoso. La marca era di lusso. Era una spesa ragionevole? In fondo, suo marito avrebbe anche potuto non accorgersene...

Tony gira in tondo alla ricerca di un parcheggio in quel quartiere popolare a est di Parigi. Il casino in macchina ricomincia, poi aumenta: i bambini sono scatenati.

«Lo sapevo che non dovevamo uscire!» si lagna Isabella, esasperata.

Ogni volta che si volta per rimproverare i bambini, Tony è turbato dai deliziosi effluvi che emana il suo corpo. Si è messa il profumo. Da quanto tempo non lo faceva? Sente aumentare la tensione. Ha i nervi a fior di pelle. Si arrabbia con tutti, prima con un automobilista lento come una lumaca, poi con un ciclista che non ha capito che per la strada non si può andare a zigzag.

«Mamma! Papà ha detto una parolaccia!»

Tony si chiede come gli sia venuto in mente di organizzare una cosa simile. Con quell'atmosfera elettrica era impossibile che venisse fuori qualcosa di buono. E invece avviene il miracolo: trova un posto. Gli altri sorvolano sul fatto che sbaglia tre volte il parcheggio, accusando senza pudore il comune di aver ristretto gli stalli. Alla fine riescono a sedersi a un tavolo nel ristorante.

«Ti avviso, io non canto!»

Isabella continua a trattarlo freddamente e Tony si sente sconfortato. Quando si avvicina per consultare la lista delle pietanze assieme a lei, lo tiene a distanza e gli tende un altro menu. Almeno i bambini sono felici di essere lì. Poco dopo, quando arrivano i piatti, è un piacere vedere con che voracità mangiano. Isabella nota che Tony a malapena tocca il cibo.

«E allora? Non mangi niente?»

«Non ho molta fame...»

Lei alza le spalle in segno di fastidio. In realtà, le fa male vedere suo marito così. Il figlio maggiore vorrebbe andare a cantare. Lo chiede in tono supplichevole.

«Non so se l'animatore sarà d'accordo, sai...»

Ma l'animatore accetta di far esibire il bambino. È tanto adorabile quanto stonato. Mentre Isabella filma, Tony guarda il figlio, orgoglioso del suo coraggio. Suda freddo al pensiero che tra un attimo toccherà a lui. Le sue mani si inumidiscono e ha la gola incredibilmente secca.

«Che cos'hai? Continui a bere!»

«Eh, sì, il mio piatto era molto salato...»

Il figlio maggiore torna a sedersi.

«Bravo, tesoro! Sei stato fantastico.»

La figlia inizia a lanciare a Tony occhiatine complici. È discreta come un naso rosso da clown su una distesa di neve. Tocca a lui. L'animatore è stato avvisato. Gli fa un cenno. Tony si alza e si dirige verso il palco. Gli porgono un microfono. Isabella lo fissa sorpresa: sa che è stonato come una campana e non riesce a credere che voglia cantare. Lui estrae un foglio dalla tasca e inforca gli occhiali da lettura, scusandosi perché non ha più vent'anni...

«A proposito, sono vent'anni che io e mia moglie Isabella stiamo insieme. Possono essere lunghi e corti al tempo stesso, ma il nostro amore continua...»

Il microfono emette un fischio. Tony si schiarisce la voce

e guarda Isabella. Non riesce a decifrare la sua espressione. Il direttore di scena punta un faro su di lei per illuminarle il viso. Ha gli occhi lucidi e l'aria commossa.

"Santo cielo! Come faccio a continuare?" Tony dispiega il foglio su cui ha scritto la sua poesia. «Signore e signori, scusate, non canterò una canzone. Non vi porterò via molto tempo, solo due minuti per leggere questo testo che ho scritto per lei, Isabella, la donna della mia vita...»

In sala cala un silenzio assoluto, in netto contrasto con il frastuono di poco prima. La lacrima di emozione che vede rigare la guancia di Isabella gli dà la forza di buttarsi.

30.

Auguste incrocia Tony che si dirige verso il furgone fischiettando, con le braccia cariche di roba. Tutta la squadra si prepara per andare dai De Montlhéry. È in programma una grande riunione di cantiere.

«È molto allegro ultimamente, non trovi?» dice Auguste a Henriette a voce bassa.

«Un po' come noi, vuoi dire?» replica lei, sussurrando.

Le sorride. Ha voglia di baciarla.

Gérard esce dal suo ufficio. «Allora? È tutto pronto?»

«Ci stiamo dando da fare...»

«Non è l'impressione che ho avuto!»

Non c'è rimprovero nelle sue parole. Gérard conosce Auguste da abbastanza tempo per sapere che con il suo carattere ha bisogno di un management permissivo: essendo un architetto paesaggista esperto, non è necessario incalzarlo. E per Gérard contano solo i risultati.

«Ti fidi di noi?»

«Sì, è questo il problema!» scherza il capo, prendendosi in giro da solo. Senza dire nulla, agguanta dei sacchi per portarli al furgone.

«Sarà il caso di metterci all'opera, che dici?»

Auguste non la sta ascoltando. Dall'altra notte ha la testa altrove. Si sente felice, spaventato, eccitato, scombussolato, contrariato, entusiasta... innamorato? No, dai. A meno che... Così in fretta? Guarda la bocca di Henriette che si muove. Ogni volta che i suoi grandi occhi azzurri si fermano su di lui, prova un fremito di gioia.

«Sei libera per cena stasera?»

«Auguste, sei terribile! Ti stavo parlando del cantiere.»
«Dai, non ti arrabbiare, Fiorellino...»

Fiorellino è il soprannome che le ha dato l'altra mattina. Le ha preparato la colazione. Un caffè bello forte e fette di pane imburrate. Poi ha fatto partire quella famosa canzone di Sidney Bechet, *Petite fleur*, e l'ha invitata a ballare un lento, nonostante l'ora improbabile. Lei ha riso a crepapelle ed è salita con i piedi sui suoi per lasciarsi portare completamente dalle sue braccia. Ha nascosto il viso nel suo collo e sono rimasti abbracciati per tutta la durata del brano. Auguste non ha trovato un aggettivo adatto per descrivere la singolarità di quell'istante delizioso. Non lo dimenticherà. Henriette non sembrava serbargli rancore per la sua défaillance della sera prima. Al contrario, mostrava di apprezzare il fatto che potessero prendere le cose con calma. Da allora Auguste sperimenta uno strano conflitto: mentre la sua testa approva appieno quella saggia lentezza, Maverick non vuole sentire ragioni. Lui ha intenzione di combattere per dimostrare di cosa è capace! È stato punto nell'orgoglio... Non essere scattato sull'attenti è il più grande disonore! Il pene di un uomo spesso ha un ego sproporzionato. Nel regno dell'Eros, Maverick è riuscito a condurre più di una creatura al settimo cielo! Ha motivo di essere fiero del suo palmarès di conquiste! "Sì, ma conquiste senza futuro. Quello è facile", puntualizza la coscienza di Auguste. Con Henriette, invece, i sintomi sono chiarissimi. E numerosi.

«Allora è un sì?» insiste, facendo il galante.

Lei finge di brontolare. Li stanno aspettando tutti. «È un forse! Non otterrai nulla di più finché non avremo finito con quel maledetto furgone!»

Lui protesta fiaccamente, ma poi si affretta a caricare gli scatoloni.

Claire li accoglie con calore. È molto felice che il progetto prenda forma. La grande fossa per il futuro lago è stata scavata, sono state rimosse tonnellate di detriti. Oggi verranno piantati gli alberi grandi. Sono arrivati, consegnati nei loro vasi di coltivazione, in attesa di essere ripiantati in piena terra.

«Come si procede?» chiede curiosa Henriette a Auguste.

«I buchi sono già stati fatti la settimana scorsa. Solleveremo gli alberi con la gru. Poi bisognerà rimuovere il vaso, aerare un po' le radici e inserirli nella posizione definitiva.»

«Che lavoro!»

«Non dirlo a me!»

A Tony, mentre passa accanto a loro, non sfugge il sorriso complice che si scambiano in modo un po' troppo sfacciato. Si avvicina a Kenzo, occupato a raccogliere gli attrezzi.

«Senti, ma non ti sembra che quei due si siano avvicinati durante il viaggio in Italia?»

Kenzo getta uno sguardo verso i colleghi. «Ah, sì? Forse... Non ci avevo fatto caso.»

«Se vuoi il mio parere, qui gatta ci cova!»

Kenzo scoppia a ridere. «Non sarà che vedi cuoricini dappertutto da quando sei diventato un poeta da palco?»

«Sst! Parla piano! Che figura ci faccio se si viene a sapere?»

«Non so... quella di un tipo figo?»

Tony non replica ma continua a brontolare. È convinto che gli operai del cantiere non rispetterebbero mai un capo che ha un animo da poeta romantico.

Quando Gérard dà inizio alla riunione in giardino, fa un resoconto delle attività ancora da svolgere in base al piano di lavoro. Henriette e Auguste resteranno lì per dirigere la squadra sul campo, occupandosi in particolare delle luci e della direzione artistica. Gérard ripercorre le decisioni prese e poi assegna i compiti agli operai.

Cominciano le grandi manovre. Un ragazzo si mette al comando dell'enorme macchina per sollevare gli alberi. Tutti hanno le cuffie antirumore e le istruzioni vengono urlate nel mezzo del frastuono assordante. Henriette e Auguste cercano insieme di rimuovere il vaso di plastica dal tronco di una *Cycas revoluta*. È difficile: sembra essersi attaccato alle radici.

«Lascia, lo faranno loro!»

«Assolutamente no. Ci tengo a partecipare!»

«Non è che sei un po' testona, tu?»

Lei fa una specie di smorfia e si rimette a tirare il vaso, che cede all'improvviso, mandandola a gambe all'aria. Auguste fatica a trattenersi dal ridere ma, di fronte allo sguardo torvo di Henriette, si affretta ad aiutarla a rialzarsi. Si trovano naso contro naso e si rendono conto di quanto quella posizione possa destare sospetti. Ristabiliscono subito una distanza professionale. L'albero ora è sospeso a un metro e mezzo dal suolo.

«Bisogna liberare le radici!» tuona Tony. «Ve ne occupate voi?»

«Ehm...»

A Henriette non sorride molto l'idea di rovinarsi le unghie in quel modo, ma Tony non aspetta una risposta.

«Grazie mille, ragazzi! Mi fate un favore, non so più dove sbattere la testa!»

Non c'è scelta. Bisogna sporcarsi le mani, e non in senso metaforico. Auguste, che si sta già dando da fare, la guarda, come per chiederle cosa stia aspettando. Il fatto è che lei ha un sacro orrore della terra, e più precisamente di tutto ciò che potrebbe brulicarvi dentro. Ma non vuole mostrarsi debole davanti a Auguste. Allora immerge le mani nel terriccio e comincia a liberare le radici. Tutto sommato, non va così male. All'inizio procede lentamente, poi comincia e eliminare grandi zolle. I suoi gesti energici fanno schizzare terra ovunque. Ne è ricoperta fino ai gomiti. L'idea di averne anche sotto le unghie la fa inorridire. Tuttavia non si ferma per fare buona impressione su Auguste. All'improvviso, liberando una zolla, lancia un grido stridulo.

Al piano di sopra, il marito di Claire, André-Louis, corre alla finestra

«Che succede? Cos'è tutto questo rumore? Non riesco a starmene tranquillo a leggere...»

Vede l'albero per aria, con le radici al vento, e si chiede cosa stiano combinando gli operai. Lui, che ha così poco tempo libero, mal sopporta tanta agitazione. Borbotta tra sé e sé. Quel progetto faraonico del giardino l'ha accettato solo per far piacere a sua moglie. Sa che a causa dei suoi frequenti viaggi e impegni di lavoro Claire è spesso sola e che soffre per la situazione. Il minimo che può fare è offrirle una casa sontuosa. Fosse stato per lui, si sarebbe accontentato di qualcosa di più modesto. Che bisogno c'era di tutto quel trambusto? Da uomo d'affari pragmatico, attribuisce un'importanza relativa a simili dettagli estetici. Essere disturbato in uno dei suoi rari momenti di relax lo irrita e ha intenzione di dirlo senza mezzi termini. Va a cercare sua moglie. Non è in camera. Scende le scale. Non è in salotto. Forse in cucina? Quando apre la porta, viene accolto dai tre cani che eccitati gli saltano addosso abbaiando.

«Oh! Calma, calma! Scommetto che non vi ha ancora fatti uscire, eh? Ecco! È sempre la stessa storia. E ora siete insopportabili!»

I chihuahua corrono in cerchio intorno al loro padrone.

«Così mi farete inciampare!»

Esasperato, apre la porta d'ingresso.

«Su, fuori! Andate a sfogarvi, banda di mostriciattoli!»

I cani non se lo fanno ripetere e schizzano nel giardino a tutta velocità, urlando come la bestia del Gévaudan.

31.

Henriette fatica a riprendersi: centinaia di lombrichi brulicano allegramente nella terra della *Cycas*! Dall'urlo che ha lanciato, Auguste ha creduto che si fosse ferita. Tony, che non era lontano, è subito accorso. Quando ha scoperto di cosa si trattava, non ha potuto fare a meno di prenderla in giro.

«Ah, ah, ah! Ma dai, sono carini i lombrichi! Henriette, aspetta, hai qualcosa qui...»

Ha allungato un dito, facendole credere di avere un lombrico sulla manica, e lei ha gridato ancora più forte.

«Smettila! Non sei divertente!»

Tony era piegato in due dal ridere.

Sta ancora ridendo quando sente quei terrificanti abbai che si avvicinano. L'ilarità si spegne subito e comincia a tremare come una foglia.

«I chihu... chihua... chihuahua!» balbetta.

In prima battuta Henriette pensa a uno scherzo, poi lo vede impallidire. Non collega subito il suo terrore all'arrivo dei cagnolini di Claire. Ora sono a meno di tre metri da lui, che arretra, arretra senza perderli di vista.

«Tony! Attento...»

È appena caduto nella buca del laghetto. Henriette ha sentito il tonfo sordo del suo corpo pesante quando è atterrato sul fondo. Un brivido le corre lungo la schiena. Lei e Auguste si precipitano a controllare, presto raggiunti dal resto della squadra e dai De Montlhéry. Tony, lungo disteso, geme di dolore. Fortunatamente è cosciente. Auguste sta già chiamando il numero delle emergenze. Gérard è l'ultimo ad arrivare sul posto. Si fa strada tra le persone per potersi avvicinare. Nel vedere Tony con la fronte che sanguina, ha un capogiro e sviene. Auguste, al telefono con i soccorsi, chiede una seconda barella. Henriette salta nella fossa senza esitare un attimo, sotto lo sguardo attonito di tutta la squadra di operai. Si toglie il foulard che porta al collo per fare pressione sulla ferita. Tony cerca di alzarsi, ma glielo impedisce.

«Non muoverti! Devi restare disteso fino all'arrivo dei soccorsi. Sei caduto e hai battuto la testa. Te lo ricordi?»

«Ahia! Mi ricordo soprattutto i chihuahua... Dove sono i... chihuahua...»

"Mi sa che è ancora un po' confuso", pensa Henriette. Memore di ciò che ha appreso al corso di formazione di primo soccorso, si inginocchia vicino alla testa di Tony e la prende tra le mani.

«Che stai facendo?» borbotta lui.

«Non ti preoccupare! Devi restare calmo finché un medico non ti avrà visitato.»

«Non serve! Sto bene. È solo una botta!»

Henriette si mostra inflessibile. «Non muoverti!»

«Te l'hanno già detto che sei autoritaria?»

Henriette sorride, un po' rassicurata riguardo allo stato di Tony. Se sta già scherzando, non può essere così grave. Ma non si è mai troppo prudenti...

«Puoi brontolare quanto vuoi, non mi interessa. Dobbiamo verificare che tu non abbia problemi alle vertebre.»

«Okay, okay, dottore! Ho capito, mi arrendo!»

Henriette volge lo sguardo verso Auguste. Si sta occupando di Gérard, che ha ripreso conoscenza. Incredibile che sia svenuto alla sola vista del sangue! Non se lo aspettava da un uomo sempre così padrone di sé in tutte le circostanze.

«Come va, Gérard? Ti senti bene?» chiede Auguste, chino su di lui.

L'uomo sbatte le palpebre, è bianco come un lenzuolo. «Bene, sì. Mi... mi dispiace! Deve essere stato un calo di zuccheri. Non ho avuto tempo di pranzare...»

Auguste percepisce il disagio del capo e non se la sente

di contraddire la sua evidente bugia. Intorno a loro, hanno visto tutti perché ha perso i sensi. D'un tratto quella fragilità gli fa provare empatia nei confronti del suo mentore. E lui che lo considerava una roccia, un uomo infallibile! Immagina quanto quell'incidente, che rivela un presunto difetto di virilità, possa ferirlo nell'orgoglio.

Gli operai stanno cercando di rendersi utili. È un po' il caos. Claire corre dietro ai suoi cani per riacchiapparli. I chihuahua, che percepiscono l'agitazione, ne approfittano per fare di testa loro. André-Louis si unisce alla partita. I coniugi litigano. Claire non si capacita di come i cani siano potuti uscire dalla cucina dove li aveva rinchiusi. Quando suo marito le dice che è stato lui ad aprire la porta, esplode.

«Ma dove hai la testa! Se li avevo messi lì, c'era un motivo! Fai le cose senza pensare!»

Lui non è assolutamente disposto a incassare in silenzio. «E come facevo a saperlo? Non c'era mica un biglietto!»

Claire recupera i chihuahua e li sgrida mentre li riporta in casa. «Cattivi, cattivi! Avete spaventato quel signore con la vostra voce grossa e i vostri dentini! E in più non ubbidite mai! Sono molto scontenta di voi!»

L'ambulanza arriva e il ferito viene preso in carico. Portano via anche Gérard per un controllo, nonostante le sue proteste. Lungo il tragitto verso l'ospedale, lui si mette a rimuginare. Che disastro quel pomeriggio! Il cantiere fermo, Tony che si è ferito alla testa e il suo svenimento... Non è certo positivo per gli affari. Spera che la cosa non danneggi la loro reputazione. Ce l'ha a morte con sé stesso. Ancora una volta, la sua fobia del sangue gli ha giocato un brutto scherzo. Ha cercato di bluffare davanti alla squadra, ma sa che nessuno se l'è bevuta. Che beffa, per il figlio di un chirurgo! Quando era bambino, suo padre, molto orgoglioso del proprio lavoro, gli mostrava in continuazione video delle operazioni riuscite meglio. Ricorda bene la nausea e i capogiri che gli venivano allora. Poi c'era stato l'incidente stradale. Sua madre aveva battuto la testa e perso molto sangue. Quell'immagine gli era rimasta impressa in modo indelebile e, sebbene la ferita in realtà non fosse molto grave, quell'episodio lo aveva profondamente segnato, a tal punto che, a scuola, al più piccolo incidente in cortile accusava un malore. Un ragazzino pestifero ogni volta cantilenava per prenderlo in giro: «Gérard è una femminuccia!». Così gli si era appiccicata addosso l'etichetta del più fifone della scuola. Quei ricordi negativi avevano cristallizzato la sua paura, sempre pronta a riemergere. Ancora oggi, se deve fare un prelievo del sangue, è costretto a chiedere alla sua anziana madre di accompagnarlo e a dire all'infermiera di farlo sdraiare, prima di procedere. Gérard odia quella sensazione di malessere: lo strano calore che si diffonde nel suo corpo e nella sua testa, rammollendolo fino all'ultima cellula, il ronzio nelle orecchie, la debolezza e, all'improvviso, il buio totale.

«Va tutto bene, signore?» chiede preoccupato il medico sull'ambulanza. «Non sembra molto in forma...»

Chiaramente Gérard non si è ancora ripreso dallo shock. Come sempre, si vergogna moltissimo di quella «tara»... Alla sua età, svenire per un po' di sangue!

«Sa, sono tante le persone che soffrono di ematofobia.»

Gérard lancia un'occhiata indignata al medico. Che sfacciataggine osare pronunciare ad alta voce la sua debolezza più inconfessabile!

«Le dico che è stato un calo di zuccheri!»

Il medico gli sorride con benevolenza e non aggiunge altro per non contrariarlo. Tuttavia, arrivati in ospedale, gli sussurra all'orecchio: «Le consiglio la terapia EMDR. Dà ottimi risultati per il suo disturbo...».

Gérard finge di non aver sentito.

32.

André-Louis troneggia a capotavola, circondato da due coppie: sua figlia Mélanie con il marito e suo figlio Gilles con il fidanzato. Famiglie molto diverse. Se Mélanie ha seguito l'esempio dei genitori, piuttosto tradizionale, Gilles ha imboccato altre strade e ha provato molto presto l'esigenza di affrancarsi da quello che chiama il «modello borghese», con linee di condotta implicitamente già tracciate. Oggi è un fotografo d'arte di successo che esibisce con disinvoltura tanto il suo stile anticonformista quanto la sua omosessualità. Ha deciso di fare coming out due anni prima, come se stesse lanciando un sasso in uno stagno: senza tergiversare o preoccuparsi degli schizzi. André-Louis ha impiegato del tempo per abituarsi all'idea. Per quattro mesi non ha più parlato con il figlio. Non ce la faceva. Era troppo lontano da lui, dal suo mondo, dai suoi valori... Claire ha avuto un ruolo importante nel fargli accettare la situazione. Il loro ragazzo finalmente era felice. Non era forse quella l'unica cosa che contava?

La padrona di casa è indaffarata a servire il cibo in tavola. Ha preparato un pasto in grande stile perché non le capita spesso di avere tutto il clan riunito. Antipasto a base di asparagi, poi cosciotto d'agnello al forno, finferli e patate in camicia, oltre a un piccolo *pâté en croûte* di cui i suoi figli vanno ghiotti. Per dessert, un'omelette norvegese, la sua specialità, alla quale darà fuoco sotto gli occhi dei commensali. Per il flambé usa fiammiferi speciali lunghi dodici centimetri.

Sua figlia la segue in cucina. «Tutto bene, mamma? Posso aiutarti in qualcosa?»

«No, figurati. È tutto pronto. Non resta che tagliare il cosciotto. Magari assaggia la vinaigrette per gli asparagi e senti se è abbastanza saporita.»

Mélanie esegue e aggiunge alla salsa qualche altra erbetta, sale e pepe. Ha bisogno di parlare con sua madre, anche se è difficile. La settimana prima le è di nuovo piombata a casa in piena notte, in preda all'angoscia a causa dell'assenza del marito, che era in viaggio, tanto per cambiare. Questa storia deve finire! Deve smetterla di tenere nascoste le sue ansie notturne all'uomo che ha sposato.

«Dimmi, mamma, hai raccontato a papà quello che è successo la settimana scorsa?»

Claire è presa alla sprovvista. Non vuole parlarne. Non ne ha il coraggio. Teme molto la reazione di suo marito.

«Ti prometto che lo farò...» risponde per prendere tempo. Ma vede bene che la figlia è impaziente e stanca delle sue belle promesse.

«Mamma! Quante volte me l'hai già detto? E alla fine resti sempre muta come un pesce!»

«Non è così semplice, sai! Per favore, non sgridarmi...»

«Ah, no, questo no, non farmi fare la parte della cattiva! Chi ti ha accolta ancora una volta nel bel mezzo della notte perché non te la sentivi di passare un minuto di più da sola in questa grande casa? Mamma, io ti adoro, e lo sai che mi taglierei un braccio per te, ma è ora che tu affronti la situazione! È tuo marito, dopotutto! È assurdo che non sia nemmeno al corrente della tua paura del buio e della solitudine!»

Claire si avvicina a sua figlia e replica con voce lacrimosa: «Ti giuro che glielo dirò, ma non così, non davanti a tutti! Oggi non me la sento, non è il momento giusto...».

Mélanie però sembra carica e decisa ad agire. In verità, è rimasta sconvolta nel vederla in quello stato l'altra notte e non vuole che accada di nuovo. Prende il piatto di asparagi e, sulla soglia della cucina, si volta verso sua madre. «Ti avverto, se non glielo dici tu, lo farò io.»

Quando Claire raggiunge gli altri, la sua serenità è svanita. La discussione a tavola è vivace. Suo marito sta raccontando il recente aneddoto sul cantiere del giardino. Descrive il caposquadra. «Un tipo grande e grosso, un vero armadio, che è terrorizzato da quelle scorreggine dei nostri chihuahua!»

Claire odia che chiami in quel modo i suoi adorati cani. Gli uomini ridono, lei si indigna. «André-Louis! Lo sai che non mi piace quando parli così dei miei topolini!»

«Non sono topolini, sono chihuahua!»

Le risate si fanno più forti. Mélanie vede sua madre serrare le mascelle.

«E trovo molto scortese che tu ti prenda gioco di quel pover'uomo!»

Nel frastuono generale, la sua voce non si sente e le parole si disperdono nell'aria. All'improvviso, Claire batte il pugno sul tavolo. All'istante cala il silenzio. Sui volti dei presenti coglie la sorpresa e un pizzico di costernazione. Dall'altro capo del tavolo, André-Louis le lancia uno sguardo contrariato.

«Claire, cosa ti prende?»

Lei inspira rumorosamente. «Mi prende che non sopporto questi pregiudizi e questa cattiveria gratuita.»

Il disagio ora è palpabile.

«Cosa stai dicendo, Claire? Non è cattiveria raccontare un aneddoto divertente!»

«E invece sì. Una fobia inconfessabile come questa non è qualcosa su cui scherzare. Potrebbe capitare a chiunque! Vi fa ridere che un uomo grande e grosso abbia paura di un cane minuscolo, ma cosa sapete della sua storia? Di quello che ha passato per arrivare a sviluppare un terrore così incontrollabile?»

«Ma insomma, Claire, calmati! Non capisco che problemi hai! Se non si può più neanche ridere...»

Claire si inalbera. «No, non si può ridere di tutto! Io, questo signore, lo capisco. La sua debolezza deve avergli causato non poche difficoltà. Vi fa ridere che un tipo così alto e robusto si sia spaventato davanti ai chihuahua. Ma prima di prendervi gioco delle fragilità di qualcun altro dovreste pensare a come siete messi voi! Perché la verità è che tutti abbiamo paura, anche se di cose diverse...»

Indica a turno ogni membro della famiglia, puntandogli contro un dito accusatore.

«Tu non hai paura di niente? E tu? E tu? E tu?»

«Mamma! Non capisco perché ci stai facendo il processo e, sinceramente, così rovini l'atmosfera! Forse è meglio che ce ne andiamo. Dai, vieni, Mathieu...»

Il figlio e il suo ragazzo si alzano dalle sedie.

«Ah, no, voi due! Rimettetevi seduti! Non ho finito!»

Anche Claire si è alzata e sta in piedi dritta come uno scoiattolo arrabbiato.

«Avete avuto il diritto di dire la vostra verità quando avete fatto coming out. Oggi io voglio avere il diritto di dire la mia...»

«Claire, mi preoccupi. Di cosa parli?» Suo marito la fissa con sguardo ansioso. Accidenti! Non vorrà mica dirgli che lo lascia per scappare con una donna... All'improvviso suda freddo.

Claire sente i battiti del cuore accelerare. È il momento di confessare. «Non importa se vi sembrerà ridicolo, ve lo devo dire. Soprattutto a te, André-Louis, che vivi al mio fianco da tanti anni e non conosci questa debolezza che mi consuma.»

Lui sembra costernato.

«Io... ecco, io ho... ho paura del buio, e, soprattutto, ho il terrore di restare sola in una casa vuota.»

La bomba è stata sganciata. Un pesante silenzio cala nella stanza.

André-Louis prende la parola. «E... è tutto?»

È come se le avesse dato uno schiaffo. Ecco quello che temeva: non solo non capisce, ma minimizza pure. Purtroppo, chi non conosce una specifica paura fatica a comprendere i suoi spiacevoli effetti, sia fisici sia psicologici. Claire tenta di spiegare.

«Sai cosa significa essere terrorizzati? Tremare dalla testa ai piedi? Guardare dietro ogni mobile temendo di trovare un intruso? Essere obbligata, a sessant'anni suonati, a dormire stringendo un peluche? E poi, piena di vergogna, finire per andare a bussare alla porta di tua figlia nel cuore della notte?»

«Tu lo sapevi e non mi hai detto nulla?» chiede André-Louis a Mélanie con tono di rimprovero.

Lei reagisce. «Certo che lo sapevo! Sono l'unica a cui la mamma ha osato dirlo! Sono io che l'ho spinta a parlartene, lei non voleva, perché temeva che tu non capissi e la giudicassi. Non hai nemmeno idea di quello che è costretta a vivere, e siete sposati da venticinque anni! Sinceramente, se fossi in te, farei fatica a guardarmi allo specchio...»

Mélanie si alza e fulmina suo padre con gli occhi. Trascina il marito per la manica e dà un bacio sulla fronte a sua madre.

«Mi dispiace, mamma... Ma sono fiera di te. Chiamami quando vuoi.»

Gilles e il suo ragazzo ne approfittano per andarsene anche loro. Mathieu ringrazia per il pasto che non ha toccato. I due coniugi si ritrovano faccia a faccia.

33.

Henriette ha riletto il messaggio diciassette volte.

Prepara solo uno zainetto per la notte. Passo a prenderti in macchina... Sorpresa!

Ecco, ci risiamo. L'inferno delle sorprese. Eppure la storia con Auguste era partita piuttosto bene, nonostante le sue difficoltà a rilassarsi nei momenti di intimità. Ma non le importava, anzi, trovava confortante l'idea di non essere l'unica ad avere dei problemi. L'Auguste imperfetto ai suoi occhi appariva ancora più tenero e attraente. Quella fragilità inaspettata lo rendeva più umano, più accessibile. Quasi quasi era tentata di smettere di fingersi normale e di accettare le proprie debolezze. Quanto meno, questo era ciò che si ripeteva fino a un'ora fa, prima di ricevere il messaggio.

Maledetto messaggio! Ha reinnescato paure che conosce fin troppo bene... L'incertezza di non sapere cosa aspettarsi, di non poter visualizzare il luogo in anticipo, di essere trascinata in una situazione che la costringa a spingersi troppo oltre i suoi limiti. L'angoscia. Il suo cervello mette in atto tutte le strategie del caso: immagina il peggio. È più forte di lei. Vuole potersene andare se l'ambiente non le piace, la cosa essenziale è non rimanere bloccata. Affidarsi a qualcuno significa accettare di cedergli le redini. Si avvicina alla libreria e sfiora con un dito i volumi di autoaiuto che ha comprato. «Sii una luce, un'isola, un rifugio. Non cercare riparo fuori da te stesso.» Peccato che Buddha non abbia lasciato le istruzioni... Sa cosa c'è all'origine della sua mancanza di sicurezza. Le volte in cui, da bambina, avrebbe avuto bisogno di essere rassicurata, consolata. Ma era difficile con una madre assente, sempre in viaggio per lavoro, e un artigiano solitario, per niente empatico, come padre. Ricorda quanto fosse infastidito quando lei cercava un po' di conforto dopo aver fatto un incubo. Non aveva pazienza. Quei momenti di solitudine dopo che la figlia era andata a dormire gli servivano per ritrovare sé stesso e godersi la calma della sera, così la rimandava di filato a letto, intimandole di dormire e proibendole di alzarsi di nuovo. Henriette si era spesso sentita prigioniera nella sua stanza, impotente e sola ad affrontare i brutti sogni e la notte infinita. Il tempo della paura non è il tempo normale: scorre molto lentamente. Un'ora può diventare un'eternità. La realtà della paura è deformata, spaventosa. Ma da allora ne è passata di acqua sotto i ponti.

Seduta sul letto, con il telefono in mano e il messaggio sotto gli occhi, Henriette cerca di razionalizzare. "Quest'uomo ti piace. Quest'uomo ti vuole bene. Ha solo intenzione di farti passare dei momenti piacevoli. Allora che rischi corri? E poi non sei più una bambina terrorizzata. Sei una donna adulta, che è in grado di dire con chiarezza ciò che ti sta bene e ciò che non ti sta bene. Perché non provare ad andarci?"

Henriette è combattuta. Una parte di lei ha una gran voglia di dimostrare a sé stessa che ne è capace, l'altra è sopraffatta dalla fifa. Con mano tremante, scrive:

OK. A che ora devo farmi trovare pronta?

Auguste sorride quando riceve il messaggio. È così felice di farle quella sorpresa. Si è arrovellato a lungo per trovare un'idea originale e poi su internet è capitato sul sito di AbracadaRoom. Il nome e il concetto gli sono parsi subito divertenti. Non si tratta dell'ennesimo hotel senz'anima. Voleva qualcosa di affascinante, di autentico, uno scrigno per custodire il loro amore nascente. E, soprattutto, un luogo rilassante dove si sarebbero sentiti bene. Si è innamorato subito di quella houseboat della tenuta Escale Royale. Una piccola casa sull'acqua, la promessa di una Venezia non lontano da Parigi... Sembrava una prospettiva idilliaca. «Ormeggiata nel bel porticciolo di Port Ilon», diceva la presentazione del sito, «un vero e proprio invito al relax e al benessere.» Era esattamente ciò di cui avevano bisogno! Con un po' di fortuna, avrebbero potuto persino approfittare della vasca idromassaggio trasparente e della terrazza sull'acqua per ammirare il tramonto e l'ambiente esclusivo, cullati dal suono dell'acqua, dai canti degli uccelli e dai tintinnii delle barche.

Auguste si vede già lì. Fischietta mentre prepara lo zaino. Quando si ferma davanti a casa di lei, la chiama e lascia squillare due volte il telefono, il segnale concordato per dirle di scendere. Appena la vede arrivare, si precipita per aiutarla a mettere la borsa nel bagagliaio e le apre la portiera dal lato del passeggero. Ed eccoli in viaggio. Prova sensazioni strane. Non si riconosce. Il suo nervosismo sembra quello di una prima volta. Forse semplicemente perché è la prima volta che parte con una donna per una fuga romantica. Con le sue conquiste occasionali non ne ha mai avuto né la possibilità né la voglia. Essere così emotivo, alla sua età... Si prende in giro da solo. Rivive le emozioni di un adolescente. Eppure, al volante, interpreta il ruolo dell'uomo sicuro. Non ammetterebbe mai di aver dedicato un sacco di tempo a studiare il percorso per non sbagliare strada. Né di aver telefonato alla struttura per verificare che la prenotazione fosse andata a buon fine e che tutto fosse pronto per il loro arrivo. Un vero uomo gestisce con fermezza l'organizzazione e non va in paranoia all'idea di fare l'amore con una donna al calar della notte... A quel pensiero, Auguste torna a preoccuparsi per un possibile insuccesso. Teme che Henriette finisca con il perdere fiducia nelle sue capacità! Per lui, con una donna che conta, la posta in gioco è alta. Ha avuto occasione di parlarne con un amico che è ben informato sull'argomento. «Smetterà di essere un problema il giorno in cui accetterai che non ci sono obblighi di prestazione. Ci sono mille modi di darsi piacere. Rifletti piuttosto su ciò che significa per te fare l'amore... Davvero si riduce tutto alla penetrazione?» Quella conversazione ha fatto scattare qualcosa nella sua mente. D'un tratto gli è sembrato assurdo investire così tanto su quell'atto, con l'incombenza di dimostrare a tutti i costi la propria virilità. Così ci si blocca! Allora ha deciso di prendere le cose con calma. Forse si limiterà ad accarezzarla o semplicemente si accoccoleranno l'uno contro l'altra. Prefigurarsi questa possibilità, come una valvola di sfogo, ha allentato la pressione. Imbocca l'autostrada e lancia un'occhiata furtiva a Henriette. Vede solo il suo profilo. Ha le mascelle serrate e le mani strette attorno alla borsa che tiene sulle ginocchia.

«Va tutto bene?»

«Sì, sì.»

Sembra nervosa. Tende la mano verso l'autoradio. Un po' di musica dovrebbe distendere l'atmosfera. Almeno, lo spera...

34.

Sulla carta, Saint-Martin-la-Garenne non è poi così lontano. Una sessantina di chilometri, al massimo un'oretta di macchina. Senza considerare gli imprevisti lungo il percorso, però. Quando Henriette sente dietro di loro le sirene delle ambulanze, capisce che non arriveranno tanto presto e il suo morale crolla. Rimanere bloccata nell'abitacolo, alla mercé di circostanze esterne, è il suo incubo peggiore. Auguste deve aver percepito la sua ansia e si prodiga per distrarla. Tuttavia lei non può fare a meno di volergliene un po': perché diavolo ha scelto un posto così sperduto, quando avrebbero potuto vedersi tranquillamente a Parigi? Di certo ci teneva a impressionarla. Se solo sapesse! Comincia a scordarsi dei suoi buoni propositi. Fa fatica ad accettare gli inconvenienti che richiedono un certo spirito di adattamento. Quando deve uscire dalla sua zona di conforto, in un batter d'occhio torna a essere la tartaruga che si ritira nel suo guscio. Per motivarla ci vorrebbe una foglia di lattuga davvero appetitosa. Si ritrova ancora una volta a fare i conti con le sue contraddizioni: una voglia matta di rifugiarsi tra le braccia di Auguste e al contempo una fifa blu di non riuscire a gestire una situazione sconosciuta. Quando, quasi due ore dopo, giungono a destinazione, ha gli arti tutti anchilosati. Il lago, la houseboat... sono incantevoli ma anche destabilizzanti. Sa già che non avrà il tempo di familiarizzarsi con quel nuovo ambiente e che, inevitabilmente, si sentirà a disagio. La cosa più imbarazzante è che Auguste sembra non rendersene conto. Recupera le chiavi e subito si sistema come se fosse a casa sua.

«Staremo bene qui, no? Hai visto quant'è grande il letto? Wow! E lì? La poltrona sulla terrazza di fronte al lago? Mi piace da matti questa forma ovale! Viene proprio voglia di andare ad accucciarsi lì dentro, non trovi?»

Henriette non riesce a rispondere. Ha come un nodo in gola. È sopraffatta dalla sua troppofobia. Essere lì, sola con lui in un luogo sconosciuto, dopo quelle due ore di viaggio interminabili, che hanno risvegliato brutti ricordi, è troppo. Avrebbe voglia di scappare, di tornare a casa, al sicuro. La paura di deluderlo amplifica la sua ansia. Probabilmente è l'unica donna al mondo incapace di apprezzare un contesto così particolare, idilliaco, e si rimprovera con asprezza di non essere una fidanzata normale. Le basterebbe lasciarsi andare... Peccato che non sappia come si fa. Quando Auguste torna dentro dalla terrazza, la trova seduta sul bordo del letto, quasi prostrata.

«Henriette? Cos'hai? C'è qualcosa che non va?»

Non osa nemmeno sollevare lo sguardo verso di lui.

«Henriette! Ti prego, parlami!»

Auguste va a sedersi sul letto accanto a lei, ma Henriette si alza subito per andare a rifugiarsi vicino alla finestra. Lui ha il tempo di vedere una lacrima che le scende sulla guancia. Si chiede cosa sia andato storto. Anche lui è stato messo a dura prova dalle due ore di ingorgo e dalla pressione di organizzare nel migliore dei modi quella fuga romantica.

Alla fine Henriette riesce a dire, con voce esitante: «Mi... Mi dispiace... Non ce la faccio...».

«Non ce la fai a fare cosa?» La guarda stupefatto, presagendo un brutto colpo di scena.

«A passare la notte qui... È troppo per me!»

«Ah...»

La delusione lo disintegra. A cosa servirebbe chiederle perché? Non resteranno certo in un posto dove lei si sente a disagio... Il suo cervello lavora a tutta velocità. E rapidamente arriva alla conclusione che non ci sono molte soluzioni.

«Bene, ti riporto indietro.»

Una volta presa la decisione, agisce senza indugio. Afferra i bagagli per uscire. Lei resta immobile, incredula davanti a tanta accondiscendenza. Allora Auguste si spazientisce.

«Dai, vieni?»

Henriette, contrita, lo segue a piccoli passi, come se calzasse ai piedi le scarpe delle geishe. Lui va a consegnare le chiavi alla reception, rimette le borse nel bagagliaio senza dire nulla e parte. In tutto questo, non si sono scambiati nemmeno una parola. Henriette ha l'aria affranta. Dopo qualche chilometro di silenzio glaciale, lui dice: «Smettila».

«Come?»

«Non fare quella faccia da funerale, come se avessi appena commesso un crimine!»

Lei non replica, cosa che ha come effetto di irritare ulteriormente Auguste.

«Henriette, mi hai sentito? Non è morto nessuno. Ci riprenderemo!»

Vede le lacrime rigare il viso distrutto di lei, che non fa che ripetere: «Mi dispiace, mi dispiace...».

Di colpo, Auguste si sposta sulla corsia di emergenza e frena bruscamente.

«Che ti prende?» esclama Henriette, scioccata dalla manovra.

«Ne ho abbastanza di sentirti chiedere scusa! Una volta mi era venuto in mente di aprire un negozio di frustini, ma, detto tra noi, le cose dolorose non mi piacciono. Ho organizzato questo fine settimana perché passassimo dei bei momenti insieme, non perché fosse un supplizio!»

«È proprio per questo che mi sento male! Sto rovinando tutto, non lo vedi?»

Si mette a piangere di nuovo, e lui non lo sopporta.

«Ascolta, se non te la senti, va bene, non facciamone una tragedia! Forse era troppo presto...»

Lei alza le spalle, disillusa. «E se sarò sempre così?»

Si aspetta che lui la respinga, è ovvio. Magari lo sta anche provocando. Cerca forse di autopunirsi?

Esasperato da quel piccolo dramma, Auguste le prende le mani e la obbliga a guardarlo negli occhi.

«Henriette, basta così! Non so quale pessimo copione ti

stai recitando in testa, ma con me non funziona. Okay, non ti dirò che non sono contrariato. È sempre un brutto colpo quando si vuole far piacere a qualcuno e si sbaglia. Ed ero contento all'idea di passare questa notte con te...»

«Ecco, lo vedi? Sei arrabbiato! E in più hai buttato via dei soldi per colpa mia.»

«Sì, è vero. Ma cosa credi? Che sarei riuscito a godermi quel posto se tu ti sentivi male? Restare a tutti i costi perché avevo già pagato era fuori discussione...»

«Lo sapevo, ce l'hai con me.»

«No, ti sbagli. Ce l'ho con me stesso perché non ti conosco ancora abbastanza bene da anticipare i tuoi desideri. Sono deluso per aver sbagliato e averti messa a disagio... Ma è la vita! Gli errori fanno parte degli inizi di una relazione. Dovremmo riderne!»

«In questo momento non ho molto voglia di ridere.»

«E invece è divertente scoprire la differenza tra le aspettative e la realtà! All'inizio di una storia vorremmo che tutto fosse perfetto, idilliaco, ma è proprio il momento in cui facciamo più errori, perché non conosciamo ancora i gusti dell'altro...»

«Una donna normale si sarebbe adattata!»

«Chi ti dice che io voglia una donna normale? E cosa significa normale, poi? Voglio renderti felice, non costringerti a adattarti a una situazione che non ti va a genio. Non ti piaceva quel posto, non avevi voglia di restarci... Non devi giustificarti, va bene? Sono io che devo imparare i tuoi gusti, capire che cosa ti fa star bene, okay?»

«Sono confusa», dice lei, con gli occhi pieni di lacrime. «Non esistono uomini come te... È una pubblicità o una candid camera?»

«Quali uomini?» Auguste sorride.

«Quelli disposti ad accettare una come me...»

«Intendi una donna brillante, originale e sexy?»

«Finiscila!» Gli dà una pacca perché la smetta con quei complimenti a cui non vuole credere.

Auguste si avvicina alle sue labbra per baciarla e sussurra: «Temo proprio che il peggio sia successo: un povero ragazzo è caduto nella rete, nonostante tutti i tuoi difetti e le tue stranezze, e non ha nessuna voglia di uscirne...».

Henriette lo guarda a bocca aperta. «Non ci credo.»

«Ah, no? Vuoi scommettere?»

Henriette non risponde. È convinta che sia impossibile. Lui non insiste e riprende il viaggio verso Parigi. Per tutto il tragitto rimane rinchiusa nella sua bolla, troppo delusa da sé stessa per trovare la forza di colmare l'abisso.

35.

«La chiamo! La chiamo subito! Dammi il telefono!»
La figlia di Claire tenta di impedirglielo.
«Smettila, mamma. Hai visto l'ora? Calmati, ti prego.»
«No, non me ne importa niente, voglio parlarle adesso...»
Sotto l'effetto dell'alcol, Claire ha una forza inaspettata. Riesce a strappare il cellulare dalle mani di Mélanie che, impotente, è costretta a cedere. Cerca freneticamente il numero di Henriette, ma il suo cervello annebbiato le complica le cose. Alla fine lo trova e chiama. Scatta la segreteria. Riattacca irritata.
«Vedi, te l'avevo detto! Non si chiama la gente alle undici di sera nel fine settimana! Le parlerai lunedì!»
«No, no, no! Adesso!»
Testarda e incerta sulle gambe, ci riprova. Questa volta qualcuno risponde.
«Henriette!» esclama con la stessa euforia disperata di un naufrago che vede una nave all'orizzonte.
L'interlocutrice non sembra riconoscere la sua voce e le chiede chi sia.
«Sono Claire! Claire de Montlhéry! La disturbo?»
Subito dopo un flusso ininterrotto di parole più o meno confuse le esce dalla bocca.
«Non sa cosa mi ha detto! È odioso! Non capisce niente, sono venticinque anni che vivo accanto a qualcuno che non mi conosce, che... che... che mi giudica!» E scoppia a piangere.
Mélanie la circonda con le braccia e cerca di convincerla a riagganciare, senza riuscirci. Claire si libera da quel tene-

ro abbraccio per continuare la sua indignata confessione. Henriette, ancora in autostrada con Auguste e sconfortata per quella serata interminabile e desolante, non è davvero in grado di caricarsi sulle spalle anche il malessere della sua cliente.

«Claire, ma cosa succede?»

«Succede che sono sposata con uno stronzo rigido ed egoista!»

Henriette inizia a capire che la donna non è del tutto in sé. Che strano sentire parole simili uscire dalla bocca di una persona di solito così calma, posata e distinta. Dev'essere terribilmente ferita per arrivare a tanto.

«Può spiegarmi?»

«No, non servirebbe a niente! Voglio solo dirle che interrompiamo. Interrompiamo tutto! I lavori, quel dannato cantiere, questo giardino ridicolo, non ne voglio più sapere niente, non me ne importa un fico secco, ha capito, Henriette?»

«La prego, Claire, si calmi!»

Auguste le lancia sguardi interrogativi e preoccupati. Lei mette il vivavoce. Claire continua a sfogare tutta la sua disperazione.

«Che cosa vuole che me ne importi di avere una casa sontuosa con un giardino del genere, se lui mi lascia sempre sola?»

La figlia tenta ancora di strapparle il cellulare, invano.

«Non c'è mai! È sempre via per lavoro! Preferirei stare in una baracca con qualcuno al mio fianco, piuttosto che in questa reggia sempre vuota, dove mi trascino come un'anima in pena... Lo sa che ho paura a dormire da sola?»

«Claire... si fermi...»

La voce dispiaciuta di Henriette ravviva la sua collera. «Allora anche a lei dà fastidio quando dico la verità? Di certo mi giudicherà se ammetto di avere paura del buio, di stare da sola, perché non mi sento al sicuro... Lo sa che alla mia età, quando lui non c'è, devo dormire con un peluche?»

«Claire, mi dispiace...»

«Ah, no! Non me ne faccio niente della compassione! Vorrei solo essere ascoltata! E anche un po' capita...»

«Io... io la capisco, Claire, davvero.»

«Ah, sì?»

Claire sembra dubbiosa. «Non la trattengo oltre e mi scuso di averle raccontato tutto questo. Ci tenevo soltanto a dirle di fermare il cantiere. Portate via tutto, va bene?» Poi ripete urlando: «Va bene?».

Henriette non può che acconsentire. Mélanie è riuscita finalmente ad afferrare il telefono. Si sente la madre protestare e biascicare qualcosa con voce da ubriaca.

«Buonasera, mi dispiace davvero che abbia dovuto sentire tutto questo!»

«Non si preoccupi, non c'è problema, sono cose che capitano! Si prenda cura di lei. Ci risentiamo all'inizio della settimana, d'accordo?»

«D'accordo, grazie. Devo andare, prima che si faccia del male... Restiamo in contatto.»

Henriette è sbalordita.

«Allora?»

«Allora è un disastro. La nostra cliente è completamente fuori di testa! Come hai potuto sentire, vuole fermare il cantiere. Mi sa che lei e il marito sono in piena crisi... Se è convinta che il progetto non abbia più senso, sarà complicato convincerla ad andare fino in fondo!»

«Ci sono sere così, in cui tutto va storto...»

Anche Auguste sembra abbattuto. Ciascuno si perde nei suoi pensieri, e il viaggio prosegue in silenzio. Henriette prova un gran sollievo quando la macchina svolta nella sua via. Finalmente sono arrivati! C'è posto proprio davanti a casa sua. Auguste sbaglia il parcheggio e impreca contro il marciapiede che ha appena colpito. Il suo umore ha subito un duro colpo. Henriette si affretta a recuperare la borsa dal bagagliaio, ma lui gliela prende di mano e insiste per portarla di sopra. Non può rifiutare. Al quinto piano, davanti al suo appartamento, si scambiano un saluto freddo e imbarazzato, incapaci di immaginare come rimediare a quel naufragio. Auguste le dà un bacio sulla guancia e scappa giù per le scale. Henriette infila la chiave nella serratura ed entra nell'appartamento freddo e deserto con la netta impressione di aver fallito. Poi, di colpo, trova tutto molto stupido. Non vuole che si lascino così male. Senza riflettere, esce e inizia a scendere i gradini così velocemente che rischia di scivolare, aggrappandosi in extremis alla ringhiera. Ha paura di non farcela a raggiungerlo. Invece, al secondo piano, si trova faccia a faccia con lui. Ansante, ha avuto la stessa idea ed è tornato indietro.

«Non volevo lasciarti in quel modo...»

Rimane interdetta davanti a lui, con il cuore in gola. «Ah... e allora come?»

«Così...» Auguste sale un gradino per raggiungerla e la stringe tra le braccia. Si baciano con una tale passione che i loro corpi vacillano, ondeggiano. Poi decidono di risalire di nuovo fino all'appartamento di Henriette. Lui ha smesso di riflettere. Non pensa a nient'altro che alle sensazioni deliziose che lo pervadono. Si danno l'uno all'altra fino a raggiungere un'acme di piacere raro, reso ancor più intenso dal desiderio di scacciare la negatività della giornata e di unire i loro corpi e le loro anime. Le ore passano: hanno perso la cognizione del tempo. È un lungo abbraccio senza fine. Un momento di grazia assoluta. Auguste si dimentica di aver paura della sua paura.

36.

È stata indetta una riunione di crisi. Il cantiere dei De Montlhéry è fermo da diversi giorni e Gérard non nasconde il suo nervosismo. Un cantiere abortito è sempre una catastrofe per uno studio di progettazione. Se capita, per una ragione qualsiasi, che le cose vadano male, i clienti, compresi quelli che all'inizio sembravano avere le migliori intenzioni, possono rivelarsi pessimi soggetti al momento di pagare per un servizio incompleto, anche se i problemi dipendono proprio da loro. È un genere di contenzioso che può trascinarsi per mesi. Dentro di sé, Gérard spera che si tratti solo di un'interruzione temporanea e che i lavori potranno riprendere, ma questo non gli impedisce di preoccuparsi: i De Montlhéry stanno ritardando tutto il resto della sua programmazione. Questa catastrofe avrà un effetto a catena, e lui immagina già la sfilza di complicazioni che ne deriveranno. Si rivolge direttamente a Henriette e Auguste, seduti di fronte a lui.

«Dovete trovare una soluzione subito! Non possiamo permetterci di lasciare questo cantiere così com'è, anche se non è colpa nostra, la reputazione dello studio potrebbe risentirne. Non c'è bisogno che vi spieghi che rischiamo di ritrovarci con tutto quel materiale inutilizzato sul groppone, comprese piante rare molto difficili da collocare in un altro contesto. Riusciremmo a malapena a rientrare dei costi! Non se ne parla nemmeno, chiaro?»

«Okay, Gérard, ho capito. Ma cosa ci possiamo fare se i De Montlhéry hanno scelto proprio questo momento per mettersi a litigare? Ti ricordo che sono un architetto, non un mago!»

Henriette resta in silenzio nel suo angolino. Sembra riflettere, poi si rivolge ai due uomini. «Credo di avere un'idea.»

La guardano con un barlume di speranza negli occhi.

«Vi fidate di me?»

«Dipende, che cosa hai in mente?»

Henriette spiega. Quando ha finito, Gérard si mostra piuttosto scettico.

«Un uomo come André-Louis che accetta tutto questo? Stai sognando!»

«Avete una proposta migliore?»

I due devono ammettere che non ce l'hanno. Gérard è costretto a dare il suo consenso.

«Okay, proviamo. Ma se con questa strategia le cose peggioreranno, la responsabilità sarà solo tua, Henriette!»

Nonostante un piccolo sobbalzo nervoso, lei accetta la sfida.

«Va bene. La prima cosa da fare è andare a trovare André-Louis...»

Il marito di Claire ha accettato di riceverli, pur non trovandosi nella migliore disposizione d'animo. È di pessimo umore, ma non è tipo da sottrarsi alle sue responsabilità. Quando Henriette e Auguste entrano in salotto, notano il suo viso contrariato e, non lontano da lui, il libretto degli assegni già pronto, per risolvere la questione. Henriette pensa che sarà complicato convincerlo a cambiare idea. Fa un profondo respiro e inizia a parlare.

«Signor De Montlhéry, abbiamo saputo del malinteso con sua moglie. Ci dispiace.»

«Non ho voglia di parlarne. Andiamo dritto al sodo. Ditemi quanto vi devo e chiudiamo qui il massacro...»

«Signor De Montlhéry! Non vorrà lasciare il giardino in questo stato...»

«Non mi importa! Probabilmente venderò la casa, comunque... I futuri proprietari potranno immaginare il loro giardino ideale. Io non ne ho più voglia.»

È veramente abbattuto. D'istinto, lei sa che il suo orgoglio gli impedirà di confidarsi in presenza di Auguste.

«Puoi andare fuori e iniziare a fare un inventario del materiale da recuperare, per favore, Auguste?»

Lui capisce. Henriette finalmente si ritrova da sola con il marito di Claire. Con molta delicatezza e abilità lo porta a parlare dell'origine del litigio coniugale.

«Non ho capito niente di quello che stava succedendo», le confida con una sincerità commovente. «Lei, di solito così calma, sempre serena, si è trasformata in un drago. Si è scagliata contro di me con una violenza indicibile! Come se fossi il peggiore dei bastardi. Come se non avessi mai pensato ad altro che a me stesso! Ma questa casa, questo giardino paradisiaco erano soltanto per lei.»

Una volta che si è sbloccato, André-Louis è un fiume in piena. La confessione lava la sua anima ferita dalle accuse. Henriette gli parla con dolcezza e benevolenza.

«Sa bene anche lei che non è questo il punto. Credo che avesse bisogno di essere ascoltata...» Esita un attimo, prima di aggiungere: «Di confessare le sue paure più recondite!».

André-Louis sembra a disagio nell'affrontare l'argomento. D'istinto, abbassa la voce. «Insomma, ma si rende conto! È ridicolo avere paura del buio alla sua età!»

«È ridicolo perché a lei il buio non fa paura, così come non la spaventa l'idea di ritrovarsi da solo in una grande casa! È sempre molto difficile capire una paura che non si prova. Ma anche lei avrà le sue fragilità, diverse da quelle di Claire, che forse sua moglie farebbe fatica a comprendere...»

«No, non credo. Non ho paure inconfessabili.»

Henriette dentro di sé sorride con una sorta di indulgenza. Avendo esplorato a fondo la questione, sa che molte persone non raggiungono nemmeno il livello di consapevolezza sufficiente per trovare il coraggio di illuminare la loro zona d'ombra. Perché guardare le parti in apparenza meno lusinghiere di sé richiede un certo coraggio, ma sono proprio quelle che meritano tutta la nostra attenzione e la nostra tenerezza affinché inizi il processo di guarigione. "È anestetizzato..." pensa. Non ribatte al suo commento. L'obiettivo non è destabilizzarlo, bensì indurlo a mettersi nei panni della moglie.

«Anche se pensa di non avere paure, sarebbe disposto a conoscere meglio quelle di Claire?»

«Che cos'ha in mente?» Sembra un po' inquieto per quello che Henriette sta per proporre.

«Lei desidera sistemare le cose con sua moglie?»

André-Louis annuisce senza esitazione.

«Allora dovrà fidarsi di me...»

Da quando sono entrati nel parco, André-Louis non ha fatto altro che protestare per la loro trovata.

«È in'idea completamente folle!»

Rimprovera Henriette, che però non si scoraggia.

«Lo ammetta, sta iniziando ad avere paura!»

«Io? Per niente! No, è che trovo tutto questo ridicolo...»

«Sì, ma ha promesso di stare al gioco!»

«È vero. Ed è proprio perché sono un uomo di parola che vi sto seguendo.»

Henriette gli rivolge un sorriso disarmante, così André-Louis non ha altra scelta che partecipare all'esperimento. Ben presto raggiungono la giostra: il più antico e famoso treno fantasma di quell'illustre parco dei divertimenti. Generazioni e generazioni di adulti e bambini hanno tremato su quei piccoli vagoni.

«Prego», lo sfida Henriette in tono scherzoso.

«Cosa mi state facendo fare... Devo essere pazzo!»

Lei lo guarda dritto negli occhi un'ultima volta. «Non dimentichi che è qui per mettersi nei panni di Claire. Sotto l'effetto della paura spazio e tempo si modificano. Non sei più un adulto, sei di nuovo un bambino di cinque anni, con l'immaginario di quell'età, popolato di mostri... Il tempo si dilata: cinque minuti possono essere interminabili. Un incubo dura solo pochi secondi, eppure alla persona che lo sta facendo sembra che duri ore. Capisce?»

«Comincio a inquadrare meglio la questione.»
«Allora, pronto a salire?»
Sembra un ragazzino, quando le chiede di accompagnarlo in quel viaggio. Henriette ride sotto i baffi, ma accetta volentieri. André-Louis non ricordava quanto potessero essere angoscianti i treni fantasma: nel momento in cui le porte d'ingresso del regno dei morti si aprono, sente il polso accelerare. Subito vengono avvolti da un buio pesto, mentre si levano in aria strani rumori e gemiti.
Henriette gli sussurra all'orecchio: «Pensi a quello che prova Claire in quella grande casa senza di lei, la notte. Quando si ha paura, tutte le percezioni sono deformate».
André-Louis ha la pelle d'oca. Vede una forma inquietante e caccia un grido stringendo il braccio di Henriette.
«Guardi, era solo un manichino, eppure l'ha spaventata. Anche Claire, nella casa deserta, non può fare a meno di controllare in ogni angolo, con il timore di trovarci un intruso o una strana creatura! Come succede a lei adesso, l'immaginazione può giocare brutti scherzi e far pensare al peggio.»
«Ho capito! Ho capito! Quando usciamo da questa trappola infernale?»
Subito una botola si spalanca e uno scheletro animato salta loro addosso. Ha delle terrificanti biglie rosse nelle orbite. André-Louis fa un salto e stritola la mano di Henriette. Lei soffoca un gemito di dolore e spera in silenzio che i suoi sforzi non siano stati vani. Il carrellino di colpo si blocca.
«Cosa succede?» esclama André-Louis, più inquieto di quanto voglia ammettere.
A dire il vero, anche Henriette non è molto tranquilla. «Credo che gli ultimi metri siano da percorrere a piedi.»
«Oh, no! Per carità!»
Scendono dal vagoncino controvoglia e immediatamente le loro scarpe affondano in una sostanza strana. Si aggrappano l'uno all'altra.
«Cos'è? Che... che schifo!»
«Non lo so. Forse bava di ragno o muco di zombie.»
«Non è divertente, Henriette!»

Lei ride, nonostante non sia a suo agio in quel corridoio stretto, buio e interminabile, dove di sicuro li aspettano gli ultimi tranelli. Non sbaglia. Una feritoia si apre e un morto vivente tenta di afferrarli. Urlano terrorizzati e si mettono a correre il più velocemente possibile. L'uscita è in vista. Ma all'improvviso sentono il terreno cedere sotto i piedi e i loro corpi precipitare...

Venti minuti. È questo il tempo che serve perché si riprendano dalle emozioni. Tremori, tachicardia, riso nervoso...

«Non portatemi mai più in un posto del genere!»

Auguste si congratula con loro per il coraggio e propone di andare a rifocillarsi con churros e sidro. Si ritrovano seduti attorno a un tavolo, contenti di quel ritorno alla calma. Una calma relativa, considerato il rumore che fanno i bambini, più o meno piccoli, sovreccitati per la festa.

André-Louis beve qualche sorso senza toccare i churros. Ha perso l'appetito e sente una cappa di tristezza calare su di lui.

«Ho sbagliato tutto, vero? Mi sono comportato come un idiota con mia moglie.»

«Non abbiamo detto questo!» protesta Henriette.

«Non cercate di indorare la pillola. Ho capito... Lei non mi perdonerà mai per il mio egoismo e la mia cecità.»

«Non parli così, André-Louis! Per quel poco che la conosco, Claire ha un cuore grande. Quello che conta non sono gli errori che lei può aver commesso, ma la sua voglia di rimediare.»

André-Louis ha un'aria abbacchiata. «Non vedo come...»

Auguste interviene. «Al come pensiamo noi.»

37.

Claire si è trasferita da sua figlia da tre settimane. Sono lunghe, tre settimane, quando si è ospiti di qualcuno, anche se è un parente. Tuttavia ne ha ricavato grandi benefici. Ha aperto gli occhi e, grazie a Mélanie, ha cominciato un percorso di accettazione di sé stessa, con le sue zone d'ombra.

«Ti ricordi di quando avevo una fifa blu all'idea di salire su un ascensore? Lavorando al ventiduesimo piano, era un grosso problema! Be', un giorno ho preso il toro per le corna e mi sono fatta aiutare da un professionista. Se sapessi com'è bello liberarsi di una paura inconfessabile!»

Le argomentazioni di sua figlia l'hanno aiutata a superare la vergogna per la paura del buio e di restare sola in una casa vuota.

«Tu sai ascoltare, non come tuo padre!»

Ma anche in questo Mélanie è stata molto brava. Senza giustificare il padre, è riuscita a trovargli delle attenuanti.

«Non è che lui ti giudichi, mamma! È che tutto questo è così distante da lui che fatica a capirlo! Gli uomini sono fatti in modo diverso dalle donne. E l'empatia non è proprio il suo forte. Però c'è una cosa di cui sono sicura...»

«Ah, sì, e che cos'è?»

«Ti ama moltissimo!»

«Lo dici solo per farci fare la pace?»

«Assolutamente no.»

«È perché sei stanca di avermi tra i piedi, ammettilo!»

Poi André-Louis ha iniziato a chiamare tutti i giorni per scusarsi e supplicarla di tornare a casa. Fatica sprecata. Claire si è sentita così ferita dall'idea che suo marito ha di lei che non riesce a perdonarlo. Fin quando sua figlia le dice: «Mamma, credo sia ora che tu torni a casa».

Nell'auto diretta verso Rueil-Malmaison, Claire ha l'aria imbronciata. In realtà, è soprattutto in ansia. Ha lasciato che fosse sua figlia a guidare. A un certo punto riconosce i dintorni del suo quartiere. Tra poco sarà arrivata. Il suo cuore inizia a battere più forte nel petto. Teme questo ricongiungimento, il confronto con lui. Riflette sul fatto che nessuno può ferirti di più di coloro che ami. Avrebbe tanto voluto che André-Louis la accettasse per quella che è, con le sue debolezze.

Mélanie si ferma all'angolo della via e si volta verso di lei.

«Tutto bene, mamma? Ti senti pronta?»

«Sì, grazie, cara. Lasciami qui, se non ti dispiace, vorrei vederlo da sola.»

«D'accordo! Ti aiuto a portare la valigia fino al cancello.»

Le due donne percorrono gli ultimi metri in silenzio. Poi Claire abbraccia la figlia e la stringe forte per salutarla.

«Non so come ringraziarti...»

«Non ce n'è bisogno.» Mélanie sorride. «Vai subito da lui. Mi chiami dopo?»

«Certo.»

Claire è così riconoscente di avere una figlia come lei! Le fa un cenno con la mano mentre la vede scomparire nella notte. Sola davanti al cancello, suona. Il portone automatico si apre. Non crede ai suoi occhi. A bocca aperta, ammira uno spettacolo mozzafiato: non soltanto il giardino è stato completato, ma è anche illuminato, come il resto della casa, da migliaia di candele e lampade che conferiscono agli ambienti un'atmosfera intima e raffinata. È sublime. Meraviglioso. Incantevole. Anche il lago è retroilluminato. Mentre percorre il viale non sa più dove posare lo sguardo, tanto è affascinata da quella trasformazione. D'un tratto suo marito appare sulla soglia di casa. Scende i gradini della scalinata d'ingresso con passo solenne e si avvicina, con un foglio in mano. Non è solo. Il team di Eden Garden, sorridente, lo circonda. Sono tutti vestiti di bianco, il colore portafortuna nel rituale brasiliano per salutare il nuovo anno sulla spiaggia di Copacabana a Rio de Janeiro. Claire nota a malapena il sontuoso buffet allestito sotto la pergola e la cascata di champagne illuminata. Ha occhi solo per suo marito. Quando è emozionato e nervoso, ha quel tic di passarsi una mano tra i capelli. Che cosa sta tramando?

Vicino a lui, il capocantiere gli lancia uno sguardo complice e sembra incoraggiarlo. In che rapporti sono André-Louis e quel Tony che aveva tanta paura dei suoi chihuahua? Claire sente le mani tremare: è un momento molto intenso. Cala un silenzio quasi assoluto.

André-Louis si schiarisce la voce, inforca gli occhialini rotondi di cui non può più fare a meno per leggere e inizia: «"Claire, nonostante il tuo nome hai paura del buio. Ma a essere al buio ero io. Come un idiota, non mi sono accorto di nulla. Sei la luce dei miei giorni da oltre venticinque anni, e io ti ho lasciata troppo spesso nell'oscurità, da sola con tutte quelle paure che non conoscevo. Non capivo che per te ogni ombra diventava una minaccia e ti faceva tremare"».

Tony recita le parole a bassa voce insieme al suo allievo. Si è impegnato così tanto per aiutarlo! Il suo nuovo ruolo di coach di poesia lo riempie di gioia. È fiero di André-Louis, anche se, come ogni coach, non può fare a meno di notare i pochi dettagli che avrebbero potuto essere migliorati: parlare più lentamente; fare delle pause; non dondolare da un piede all'altro.

«"E poi te ne sei andata. E il mio cuore ha smesso di sorridere. Dentro di me si era fatta notte. Come te, ho conosciuto il freddo e la solitudine. Sono salito su un treno fantasma, tornando ai miei cinque anni per poter ricordare com'è avere paura del buio, e tutto si è illuminato nella mia mente. Così oggi anch'io voglio confidarti ciò che non ti ho mai detto. Le vespe mi spaventano. Ho paura di essere punto o, ancora peggio, di ingoiarne una. Ho anche una gran fifa dei fuochi d'artificio, dei tappi di champagne che saltano e del piccolo vortice d'acqua che si crea nella vasca da bagno quando si svuota. Da bambino temevo che mi avrebbe risucchiato! Sembra stupido, vero? Ma ho capito che ciò che sembra stupido ad altri non lo è per chi quelle paure le prova... E ora ti confesserò il mio terrore più grande: quello di perderti! Ti prego, mia dolce metà, perdonami e dammi la possibilità di amarti per tutta la vita. So che se le ombre ti seguono, è perché amano la tua luce. E io ti amo, semplicemente."»

I due si gettano l'uno nelle braccia dell'altra e si abbracciano appassionatamente tra gli applausi. Un'orchestra inizia a suonare una musica dolce.

Auguste prende la parola: «E ora, per inaugurare il vostro nuovo giardino, vi abbiamo preparato un'altra sorpresa. Seguiteci!».

Conduce la coppia vicino al sontuoso laghetto, reso magico dagli effetti sonori e luminosi, dai fiori che profumano l'aria e dalle varietà di alberi rari dall'estetica accattivante. Gérard si complimenta sinceramente con Auguste e Henriette.

«Siete riusciti a realizzare il giardino polisensoriale che avevate in mente! Bravissimi! Auguste, sarà il caso che scambiamo due parole sul futuro...»

«Sul futuro?»

«Non penserai davvero che possa privarmi di un socio come te?»

Auguste vorrebbe saltare di gioia, ma adesso deve concentrarsi sulla sorpresa per i De Montlhéry. Su un tavolo, un telo bianco nasconde un oggetto. Henriette lo aiuta a sollevarlo, svelando una graziosa barca di legno bianca. È piena di fiori, doni e candele ancora spente.

Auguste invita Claire e André-Louis a scrivere i loro desideri su un pezzo di carta e a infilarlo in una bottiglietta chiusa da un tappo di sughero. «Ora possiamo accendere le candele!» esclama, con gli occhi che brillano. «Ce ne sono sette. Sette è un numero simbolico molto importante nel rituale annuale di Rio. Per attirare fortuna e prosperità bisogna saltare sette onde: in questo modo si entra nelle grazie di Yemanja, orisha del mare e delle acque.»

«Che cos'è un orisha?» chiede Kenzo, che da poco ha deciso di provare a superare il complesso di essere ignorante.

La sua ragazza gli lancia uno sguardo pieno di tenerezza. Da quando è riuscito confidarsi con lei, lo sta aiutando a rafforzare la fiducia in sé stesso, ad aprirsi, a interessarsi a ogni genere di argomenti per colmare le sue lacune. Incoraggiato a imparare da autodidatta, si è reso conto che la curiosità può sopperire alla mancanza di un diploma.

Henriette, ben informata sull'argomento, interviene, e tutti tendono l'orecchio per ascoltare la sua risposta. «Gli orisha sono divinità di origine africana, esseri di natura divina che rappresentano le forze della natura e più precisamente l'*axé*, l'energia vitale nelle religioni afro-brasiliane. Nel loro rituale di capodanno, i brasiliani riaffermano ciò che è bello e sacro. È il loro modo di proiettare energie positive attraverso il cosmo per alimentare i sogni. E noi abbiamo voluto ispirarci a questo per portarvi fortuna!»

Claire ha le lacrime agli occhi. «È magnifico.»

Suo marito la stringe a sé con tenerezza. «Sì, grazie, davvero, è bellissimo!»

«Ora, è il momento di mettere la barca in acqua!»

Auguste, Tony e Kenzo la trasportano cerimoniosamente fino al laghetto.

Gli astanti si emozionano per quel meraviglioso spettacolo. Il gruppo musicale inizia a suonare un ritmo di samba e tutti si mettono a ballare. Rio è davvero a Rueil-Malmaison! La serata è così bella che Auguste dimentica la prudenza e bacia Henriette in pubblico. Lei resta turbata, ma quando si guarda attorno le sembra che nessuno si sia scandalizzato. Forse è tempo di lasciar andare la paura di essere giudicata...

«Lo sapevo che tra quei due c'era qualcosa!» esclama Tony, seduto accanto a Kenzo.

«Hai occhio! Allora, facciamo un brindisi?»

Alzano il bicchiere.

«Alla tua, collega!»

«Collega? Mi prendi in giro?»

Kenzo pare confuso.

Tony prorompe in una risata fragorosa e dice: «Alla tua, amico!».

«Ah, così adesso siamo amici?»

«Sì, dovrai abituarti.»

«Non sarà sempre facile.»

Fanno tintinnare i bicchieri con espressione fintamente dispiaciuta. Entrambi hanno ritrovato la felicità di coppia e sanno quanto debbano l'uno all'altro per questo. Stasera c'è amore che fluttua nel giardino dei De Montlhéry. E la luce ha scacciato l'oscurità.

EPILOGO

Henriette si è trasferita da qualche settimana a casa di Auguste. Non avrebbe mai creduto che la loro relazione potesse crescere così velocemente. Assieme ai bagagli, sa di aver portato con sé un po' di rogne, tic, manie, falle, blocchi di cui ancora non si è liberata. Ma che importa? È determinata a lavorarci! Ombra e luce, forza e vulnerabilità: oggi sa che sono le due facce della stessa medaglia. Per anni si è sforzata di sradicare le sue fragilità con tutta la rabbia della sua impotenza, senza rendersi conto che più odiava quella parte di sé e più la rafforzava. All'inizio era molto preoccupata all'idea di vivere con Auguste. Ma i suoi timori si sono dissipati l'uno dopo l'altro. La vera svolta si è prodotta quando è riuscita a concedersi alcune autorizzazioni, tra cui il diritto di avere delle stranezze e di esprimere ad alta voce le sue esigenze. Per esempio, ha parlato con Auguste della sua insonnia. Gli ha spiegato che faticava a addormentarsi per paura di muoversi troppo nel sonno e disturbarlo. Lui l'ha ascoltata e, insieme, hanno pensato a come risolvere il problema. Henriette ormai sa che se qualcuno tiene davvero a lei si prenderà il tempo di capirla e trovare delle soluzioni senza giudicarla. Ha imparato che bisogna essere dolci con sé stessi e amarsi per quello che si è, con le proprie peculiarità e i propri difetti. Ne ha approfittato per fare una selezione tra le sue conoscenze, concentrandosi sulle persone positive, dalla mentalità aperta e comprensive, le uniche ammesse nella sua cerchia più ristretta. Oggi è consapevole che tutti hanno un lato intimo inconfessabile, una crepa da qualche parte. Paure nascoste, aspetti di noi di cui ci vergogniamo, che si manifestano in modo eclatante quanto più vengono additati, condannati per direttissima dalla corte suprema che costruiamo nella nostra testa.

Quante persone assistono passivamente al processo di erosione della loro autostima perché si vergognano di difetti e debolezze per i quali, spesso a torto, incolpano sé stesse? Quelle zone d'ombra non sono forse il retaggio di un vissuto antico, del passato, di esperienze indipendenti dalla loro volontà che hanno lasciato cicatrici? Quanto sarebbe bello alleggerire il fardello del senso di colpa che accompagna la vulnerabilità!

Per tutta la vita Henriette si è sentita così strana rispetto agli altri! Non riusciva ad aprirsi e finiva per punire solo sé stessa. Oggi desidera guardare avanti. L'amore di Auguste le ha messo le ali ai piedi. Non vuole più nascondersi. Vuole semplicemente essere sé stessa, felice e imperfetta.

Henriette ha voluto condividere le sue recenti scoperte. Raccontare come siano le nostre ombre a disegnare la nostra luce... Parlare dell'indicibile bellezza che si cela in ciascuna delle nostre fragilità e del modo in cui possiamo proteggerci amando quella parte di noi che ha avuto paura, che ha sofferto. Darle la tenerezza che le è mancata.

Da qui è nata l'idea del blog.

Mentre cercava un nome, l'immagine di Achille le si è stampata nella mente. Il celebre eroe dell'antichità, il cui punto debole era il tallone... Come le sarebbe piaciuto poterlo proteggere con un bel paio di calze morbide! Così il titolo del blog è: *Un paio di calze per Achille.*

Ha riscosso subito un grande successo. Centinaia di persone hanno condiviso pubblicamente la loro parte più intima e inconfessabile. I social si sono presto infiammati. I media si sono impadroniti dell'argomento. Henriette si è ritrovata a parlare senza filtri delle proprie vulnerabilità nel corso di un'intervista, senza nemmeno provare troppa vergogna. La sera ha confidato a Auguste le sue impressioni, e sono giunti entrambi alla stessa conclusione: la parola libera e guarisce. Il «divieni ciò che sei» di Nietzsche sembra il miglior rimedio. E dire che non avrebbe mai incontrato Auguste se Claire de Montlhéry non le avesse affidato quell'incarico! Un progetto interamente dedicato al mondo vegetale, che è stato il teatro della sua stessa fioritura. La gioia che prova le ha ispirato la prima frase di benvenuto sul suo sito:

> Alla luce delle mie ombre rifiorisce la fiducia.

Sorride, quando la vede, mentre si siede per dedicarsi al suo nuovo rituale: leggere le numerose testimonianze degli iscritti, che si confidano con tanta sincerità e generosità. Auguste la bacia languidamente sul collo prima di lasciarla a quella nuova passione che la rende tanto felice: condividere.

Si prende il tempo di rispondere a ogni persona con particolare cura. Inizia sempre il suo messaggio con questa frase:

> Un immenso grazie a te che hai osato sollevare il velo sulla tua parte intima e inconfessabile. Quando si ha il coraggio di accettare le proprie ombre, si ha anche quello di accettare tutta la propria audacia. Complimenti!

Queste persone hanno tutte un tallone d'Achille, le proprie fragilità, che non sono mai le stesse. Henriette prova un senso di riconoscenza perché, grazie a loro, non si sente più sola. Le hanno fatto il più bello dei regali: la libertà di essere sé stessa. Scorre i testi pieni di umorismo e tenerezza. Sono toccanti ed emozionanti. Semplicemente, umani.

BLOG
UN PAIO DI CALZE PER ACHILLE

ALLA LUCE DELLE MIE OMBRE RIFIORISCE LA FIDUCIA.

Paura di trovarsi in difficoltà sul lavoro
Gaëtan S. (Alvernia)

Vi parlerò della mia paura di trovarmi in difficoltà, che si manifesta soprattutto in ambito professionale. Non sopporto l'idea di non riuscire a svolgere il mio lavoro bene e in tempo. Quando ho un compito da portare a termine, deve essere tutto perfetto e, se non lo è, la mia paura è quella di deludere e di sembrare un buono a nulla. Con il tempo ho dovuto adottare dei meccanismi di difesa, come per esempio una pronta capacità di replica, per non farmi «mettere sotto».

Ricordo una presentazione importante, davanti a cinquecento persone, per la quale avevo preparato un discorso di quindici minuti. Mentre mi esercitavo, il mio capo ha voluto rivederlo. Mancavano due ore all'evento e non potevo pensare di riscriverlo. Ero completamente bloccato; penso che sia stata la prima volta in cui mi sono trovato così tanto in difficoltà. Alla fine, lo abbiamo rimaneggiato insieme, aggiungendo un pizzico di umorismo, e ho potuto fare la mia presentazione per bene. Ho persino ricevuto dei complimenti... Ne ho tratto due insegnamenti: meglio gestire le cose in anticipo, soprattutto quando non si ha il pieno controllo della situazione, ma all'occorrenza bisogna sapersi adattare, perché non si può prevedere tutto e l'imprevisto è sempre in agguato.

Penso che questa mia paura sia legata all'educazione che ho ricevuto, incentrata sull'avere successo. Devo fare le cose al meglio per non mostrare di essere «debole».

Paura dei miei pensieri intrusivi inappropriati
Elsa M. (Alta Normandia)

Per quanto mi riguarda, le paure irrazionali che mi hanno guastato la vita sono stati i pensieri intrusivi. Per esempio: ho un coltello in mano, una persona cara mi sta di fronte e, *bam*, l'immagine di me che la pugnalo mi si forma in mente. Subito dopo, ovviamente, il cervello mi grida: "Hai un problema, non sei normale!".

Questi pensieri intrusivi mi hanno accompagnata nel corso della vita nei momenti in cui mi sentivo triste, depressa o ansiosa, e mi hanno fatto dubitare della mia salute mentale, tanto che ho consultato una psicologa per parlargliene.

Cercavo di rassicurarmi, ma non funzionava. Mi dicevo: "Ho un problema, finirò per impazzire". La psicologa insisteva che non era niente, che mi stavo focalizzando troppo su quell'aspetto, che così si creava un circolo vizioso e che, invece di angosciarmi con quei pensieri, dovevo imparare a lasciarli andare.

Come nascondevo tutto questo ai miei familiari? Be', semplicemente non ne parlavo, perché mi vergognavo. Solo mia madre ne era al corrente e mi tranquillizzava il più possibile.

Poi, un giorno, ho visto lo spettacolo di un comico che adoro. A un certo punto ha detto: «A volte prendo in braccio un bambino e mi chiedo: e se lo gettassi dal balcone, cosa succederebbe?». Poi ha aggiunto: «Ah, ah, avete tutti avuto pensieri del genere e credevate di essere degli psicopatici?». Ho provato un enorme sollievo. Da allora non mi succede quasi più e, se sento arrivare questi pensieri intrusivi, perché sono in un periodo di stress, li lascio andare e mi fido di me stessa.

Paura di essere in pericolo
Marlène L. (Occitania)

Ho una paura irrazionale di essere in pericolo. Mi capita di non sentirmi al sicuro sia in casa sia fuori. Quando esco, per esempio, controllo sistematicamente almeno tre o quattro volte di aver chiuso la porta a chiave. Stessa cosa per l'auto.

Altro esempio: il mio compagno è un pompiere volontario e spesso fa il turno di notte. Il fatto di rimanere sola a casa per diverse ore mi angoscia. Al minimo rumore, tremo. Lascio persino la luce sul comodino accesa. Non è patetico avere paura di stare da sola a trentaquattro anni? Patetico oppure triste? O entrambe le cose?

Evito anche qualsiasi forma di conflitto. Per me conflitto significa insicurezza. Se qualcuno del mio entourage si arrabbia, mi ritiro come un topolino nella tana. Cerco immediatamente di risolvere o mi allontano, se non sono coinvolta.

Eppure l'immagine che trasmetto agli altri è quella di una persona sicura di sé, che non ha paura di nulla. Chi ho intorno non sospetta niente. Questa paura di non essere al sicuro credo affondi le radici nella mia infanzia. Avevo una madre che mi urlava sempre contro, che alzava le mani, e una sorella che, seguendo il suo esempio, mi ha fatto vivere un inferno per alcuni anni. Avevo paura di mia madre, paura di mia sorella, paura di rimanere sola con loro. Non mi sentivo sicura se non c'era qualcun altro a proteggermi. Ho voluto condividere questa confidenza con voi.

Oggi la mia situazione mi fa sorridere. Preferisco riderci sopra piuttosto che piangere.

Paura del vortice d'acqua che si crea quando si svuota la vasca
Aurélie P. (Costa Azzurra)

La mia paura irrazionale? Il piccolo vortice che si forma quando si toglie il tappo della vasca da bagno e l'acqua si perde nei meandri della terra... Orribile. Da bambina non potevo sfuggire a questo rituale della sera. Da quando sono adulta non faccio più il bagno e ho addirittura fatto togliere la vasca. Quest'angoscia si è manifestata molto probabilmente dopo che, mio malgrado, ho guardato il film *It*, con quel maledetto clown che terrorizzava i bambini a ogni angolo di strada. Ho provato in tutti i modi a impedire che i miei piedi e poi tutto il corpo venissero risucchiati da quel piccolo foro malvagio: capricci, crisi di nervi, singhiozzi. Laggiù in fondo, mi aspettava «quello», con la sua faccia pitturata...

La strategia che ho adottato allora è stata sacrificare la mia Barbie preferita. Ogni volta che facevo il bagno, toccava anche a lei, ma ne usciva sempre indenne. Che donna! Tutto era programmato al minuto. Mia madre usciva dal bagno serena, inconsapevole di avermi messo in una situazione atroce. Subito «decapitavo la bionda» e, *hop*, tappavo il foro con la sua testa, assicurandomi che i capelli scendessero nello scarico, accessibili al pazzo con la parrucca. Quella testa era una sorta di offerta affinché io fossi risparmiata. L'acqua scorreva lentamente. E io, seduta dall'altra parte della vasca, aspettavo di essere aspirata verso la morte. E poi... niente. Ma questo sacrificio l'ho compiuto migliaia di volte, sempre con lo stesso fervore e la stessa voglia di vivere!

Paura del sangue e delle ferite
Pauline B. (Nuova Aquitania)

Da quando ho cinque anni svengo alla vista del sangue. Ironia della sorte, sono la figlia di un'infermiera e di un uomo che è sempre stato malato, bisognoso di cure ospedaliere e a domicilio. Con il tempo, questa fobia ha occupato sempre più spazio nella mia vita quotidiana, estendendosi anche alle parole che potevano essere usate, alla sola evocazione delle malattie... Così, ho accusato dei malesseri alla scuola elementare, alle medie, alle superiori, poi nel corso della mia vita professionale e personale. Ciò ha avuto un forte impatto e mi ha portata a sviluppare diverse strategie per non espormi a questa paura.

Un giorno, sono andata al cinema con il mio compagno, per vedere un film di supereroi. Non sapevo che il personaggio principale, prima di acquisire i suoi poteri, aveva avuto un grave incidente che lo aveva paralizzato e che aveva richiesto cure ospedaliere. Io, che volevo godermi un momento di relax e piacere, fin dall'inizio sono rimasta paralizzata a mia volta. Quando ho avvertito la prima vampata di calore, ho cercato di fare conversazione con il mio compagno che, infastidito, non si è mostrato molto collaborativo. Il volume del suono mi ha dato il colpo di grazia. Quell'immersione totale, visiva e uditiva, era più di quanto potessi sopportare. Ho preso il coraggio a due mani e ho disturbato tutta la fila per uscire di corsa dalla sala, scusandomi a malapena, quasi correndo, mentre sudavo copiosamente come se fossi nel pieno di una maratona. Mi sono sdraiata sul pavimento e ho appoggiato le gambe contro il muro per evitare di svenire. Ho sperato che nessuno mi soccorresse, mi vergognavo troppo...

Nel 2021 ho iniziato una terapia EMDR e da allora ho fatto grandi progressi! Anche se le mie fobie si sono attenuate, porto ancora i segni dell'influenza che hanno avuto su di me. Tuttavia ora so che posso resistere. È un lavoro costante che richiede sforzi e che, spero, diventerà più facile con il passare del tempo.

Paura che si scopra il mio bisogno di tenere con me un oggetto transizionale
Clémence N. (Normandia)

Ho quarantadue anni, sono una donna autonoma, piuttosto sicura di sé. E fin dall'infanzia ho un oggetto transizionale (la famosa «coperta di Linus», che nel mio caso è un pezzo di stoffa che succhio). È strano come vedere un adulto che si succhia il pollice... I miei familiari ne sono al corrente, e lo faccio anche davanti a loro senza problemi. I miei amici e il mio compagno, invece, non sanno niente.

Perché? Direi per due ragioni: primo, la paura di essere guardata, giudicata; secondo, lo sforzo di cercare di non stare attaccata a quel pezzo di stoffa ventiquattr'ore su ventiquattro. Se la persona con cui sono conosce questa mia abitudine, sono libera di usarlo tutto il tempo, in caso contrario devo trattenermi. Lo nascondo (in una sciarpa, nella mano), ma ne ho bisogno. Quando non ce l'ho, mi manca qualcosa. Lo cerco.

Alla scuola elementare per un po' avevo smesso, probabilmente perché mi dicevano che ero diventata grande, ma poi ci sono ricaduta. Non so davvero perché. Mancanza di volontà? Il rapporto con i miei genitori? Un bisogno di conforto? Ho avuto un'infanzia felice, anche se non ne serbo molti ricordi, e non penso di dover compensare chissà quale mancanza... È così e basta.

Non ne parlo mai, non voglio che i commenti degli altri mi feriscano, e ho l'impressione che i miei cari che ne sono a conoscenza non prestino attenzione alla cosa o fingano di non curarsene, e questo mi va bene.

Paura di dover andare in bagno al momento sbagliato
Ève (Rodano-Alpi)

Allora, come posso spiegarmi senza cadere nella volgarità, pur essendo onesta e sincera? Prima di tutto, di me occorre sapere che sono una persona molto ansiosa. Una stressata cronica. È la più grave malattia del nostro secolo (Covid a parte). Sono ipersensibile e vivo tutto appieno, le cose belle e quelle brutte. Da molti anni, ormai, soffro di una «malattia fantasma», come mi piace chiamarla: la colopatia funzionale, o sindrome del colon irritabile. L'avevo detto che non è molto chic. Si tratta di un disturbo piuttosto diffuso ma di cui si parla poco. È un argomento tabù. Si prova vergogna, ed è per questo che affronto l'argomento qui. Perché questa malattia mi ha causato fobia sociale e tic. Sono entrata in un circolo vizioso che non si è più interrotto dal 2015.

Nel momento in cui il problema è esploso, durante un esame all'università, facevo una vita molto intensa e il mio corpo ha detto basta. I primi venti minuti della prova sono stati un incubo: borbottii, gonfiore all'addome, meteorismo. Ho chiesto il permesso di andare in bagno. Ma no, dovevo aspettare almeno quaranta minuti. Cosa? Impossibile! Sono uscita comunque con la sorvegliante... Che vergogna! Dopo, angosciata al pensiero che il bisogno si ripresentasse, sono tornata in aula e ho concluso l'esame in un bagno di sudore, esausta. Pensavo che il mio problema fosse legato allo stress della situazione. Invece si è ripresentato. La fobia di avere bisogno del bagno nel posto sbagliato, al momento sbagliato e con le persone sbagliate si è intensificata nel tempo. Dal parrucchiere, ai pranzi di famiglia, al bar, a casa delle amiche, per strada... Ovunque andassi, era l'inferno. Il mio inferno. E non ne ho parlato a nessuno! Per mesi, addirittura per anni! Quando ricevevo un invito, rispondevo: «Ah, mi dispiace, ho un impegno», oppure: «Sono stanca, scusa, facciamo la prossima volta». Quando si prova questa enorme vergogna, la paura di essere mal vista, di passare per la «sozza», si mettono in atto strategie di difesa: evitamento e isolamento sociale, pensieri ripetitivi e ipersorveglianza dell'igiene alimentare e corporea...

A salvarmi è stata la terapia. Ho avuto modo di capire tante cose su di me, tra cui il fatto che sono un'ipersensibile. E per colpa della mia scarsa autostima e delle mie insicurezze anche il mio corpo è ipersensibile. Il corpo comunica. Non lo ascoltiamo abbastanza. Io ho imparato a capirlo e a decodificarlo. A essere di nuovo un tutt'uno con lui.

Paura di uscire in compagnia e di andare alle feste
Mathilde R. (Paesi della Loira)

All'università avevo molta paura di andare in discoteca o nei locali, anche se l'invito veniva da persone di cui mi fidavo. Per me era impossibile immaginare di uscire la notte, in città, di essere circondata da sconosciuti e riuscire comunque a passare dei bei momenti con le mie amiche. Tutti non facevano che ripetere che quelli erano gli anni più belli della mia vita, che dovevo approfittarne. Per sottrarmi a quelle uscite senza passare per un'asociale accampavo ogni scusa possibile oppure, con vari pretesti, chiedevo che la serata si organizzasse in un appartamento e non in un locale (cosa che mi faceva sentire molto più a mio agio). Ecco alcune delle mie scuse preferite: «Devo finire di studiare per la lezione di domani»; «Tornare al mio appartamento in piena notte da sola è pericoloso». E le mie amiche controbattevano: «Mathilde, ma tu sei sempre in pari con lo studio!»; «Non preoccuparti, studiamo durante la pausa pranzo»; «Dormi da me»; «Ti riaccompagno io». Così mi toccava inventare qualcos'altro di più originale.

Tutte queste strategie sono inefficaci e ora mi sforzo di combattere le paure create dal mio cervello. Quando esco, lo stress è al massimo livello, la mia cassa toracica si comprime come se fossi rinchiusa in una scatola, fino a quando non sono nel vivo del momento. A posteriori, invece, è sempre con grande gioia che ricordo l'esperienza. Ma l'apprensione per me è un passaggio obbligato.

Paura di tutto, paura dei virus
Caroline P. (Québec)

Credo di poter dire, senza tema di smentita, che le paure hanno sempre fatto parte della mia vita. Fin dalla più giovane età tutto mi terrorizza. E quando dico «tutto» non sto esagerando. Ho avuto paura dell'acqua, delle rocce (!?), della sabbia, dei camion troppo rumorosi, dei temporali, degli spiriti, degli sconosciuti, ed è solo una piccola parte del catalogo.

Ho fatto molta strada ma, sebbene abbia superato molte di queste paure, altre le hanno sostituite, con o senza motivo. Sceglierne una sola è difficile per me. Ma ecco, mi voglio soffermare su una specifica.

Il mio secondo figlio dopo la nascita ha attraversato un periodo difficile, che è durato diversi mesi: era malato ma non si sapeva esattamente cosa avesse. Quest'esperienza mi ha fortemente scossa e mi sono messa in testa che lui non dovesse entrare in contatto con nessun virus, perché lo avrebbe ulteriormente indebolito. È stato allora che ho iniziato ad avere paura di ammalarmi. Non di contrarre una malattia grave e incurabile, ma di essere contagiata da virus come quello della gastroenterite che avrei potuto passare a mio figlio. Sono diventata un'esperta in prevenzione delle infezioni. Leggevo tutto ciò che trovavo sulla propagazione dei virus, sull'incubazione, sui microbi...

Solo che questo ha avuto delle conseguenze. La mia dieta era molto limitata (mi spaventavano la salmonellosi, l'*E. coli* e altri batteri), così ho perso rapidamente peso. E un bel giorno, guardandomi allo specchio, ho notato le ossa sporgenti della mascella. Mi sono resa conto che le mie paure avevano preso il sopravvento. Ho subito contattato una psicologa ed è stato, senza dubbio, il regalo più bello che mi sia mai fatta. Ho ricominciato a mangiare con appetito e, soprattutto, ho insegnato al mio cervello a non «abboccare all'amo» delle paure irrazionali, per quanto numerose possano essere.

Paura delle blatte. Paura di ciò che non si vede
Sarah P. (Occitania)

Non ci sono molte cose che mi spaventano, ma ho una piccola paura e una grande paura. Quella piccola sono le blatte. Non so perché, ma quando le vedo mi si mozza il respiro, il mio cuore inizia a battere fortissimo e provo un gran senso di disgusto. Il tutto è aggravato dal fatto che sono bestie che non bisogna schiacciare. Peggio dei Gremlins! Un'estate, in vacanza a Panamá con mia sorella, soggiornavamo presso una famiglia del posto. Tornando a casa, ho visto una BLATTA enorme! Ho gridato: «*¡Ayúdame!*». La signora che ci ospitava è arrivata correndo, ha schiacciato lo scarafaggio con una ciabatta e mi ha detto: «*Buenas noches*». Ho dormito con una torcia sul petto, nella convinzione che la luce mi proteggesse da quelle bestiole e dalle mie oscure paure.

La mia grande paura? Mi terrorizza ciò che non posso vedere. Non che la mia vita sia come il film *Il sesto senso*, ma esamino ogni rumore per capire da dove proviene. A volte, se non riesco a trovarne l'origine, di notte questa paura cresce ancora di più. Il mio corpo reagisce in modo strano, il battito del cuore accelera, la nuca si ghiaccia e mi si drizzano i peli. Torcia e rosario, in certi momenti, sono i miei più fedeli alleati, perché mi aiutano a calmarmi. Mentre scrivo mi rendo conto che queste due paure contrastano con la mia immagine di donna forte. Mi viene spesso rimproverato di buttarmi a testa bassa in un progetto o in un conflitto, ed è vero che non mi spaventa l'idea di scontrarmi con gli altri né di affrontare le eventuali conseguenze. Avere paura di un insetto e di ciò che non si vede è il mio tallone d'Achille.

Paura di apparire vulnerabile e di essere derisa
Carole P. (Occitania)

Ho sempre avuto paura dell'umiliazione, di essere derisa, in sostanza di apparire debole.

Quindi mi sono costruita una maschera da Supergirl. La ragazza che sa tutto, che non fa mai errori, che eccelle negli sport, che riesce negli studi... La mia strategia è stata il camuffamento. Nascondere la mia paura di essere debole mi ha rovinato la vita fino a trentasette anni. Io, che avevo così bisogno di legami e di dolcezza, dimostravo tutto il contrario. La frustrazione di non poter essere me stessa si trasformava in una rabbia che faceva male alle persone che amavo e, ovviamente, a me stessa. Una «gigantessa» con i piedi d'argilla, ecco cos'ero! Quando cadevo, cadevo da molto in alto, nonostante il mio metro e cinquantotto.

L'origine di questa paura risale agli anni delle elementari. Dovevo avere otto o nove anni, eppure me lo ricordo come se fosse ieri. Come molti bambini, non perdevo tempo a spogliarmi la sera, toglievo tutto in un colpo solo, per poi rimettermi gli stessi vestiti l'indomani. Un giorno però non ho controllato bene i pantaloni. Il dramma si è svolto durante la ricreazione. Mentre camminavo, un paio di mutandine ha iniziato a spuntare dalla gamba sinistra! Gli altri bambini si sono messi a ridere. Io, che già non godevo di grande popolarità (ero appena arrivata in quella scuola e in più ero un vero maschiaccio), ho negato tutto. Quelle non erano le mie mutande! Nemmeno la maestra è riuscita a farmele raccogliere. Mica potevo toccare le mutande di qualcun altro! Oggi lo racconto con tenerezza, quella bambina non aveva una vita facile... Ma ci sono voluti quasi quarant'anni perché riuscissi a parlarne con leggerezza.

Paura di rimanere bloccata in mezzo alla gente
Aurélie M. (Nord-Passo di Calais)

Da alcuni anni ho una paura folle di rimanere bloccata in un «ingorgo umano». E molte volte mi sono dovuta confrontare con questo problema: alle fiere, nei mercati affollati, alle manifestazioni... Non sopporto nemmeno di sedermi al centro di una fila di poltrone al cinema, a teatro o a un concerto. Mi prende l'angoscia e mi sciolgo come un gelato al sole. Fortunatamente, oggi è possibile scegliere i posti sulla piantina quando si comprano i biglietti online. Peccato che qualche volta si pensa di avere tutto sotto controllo e invece va tutto storto.

Sicura di me e fiduciosa, avevo organizzato una serata con il mio ragazzo al casinò di Arras, dove lui avrebbe visto il suo comico preferito. Felice, ero pronta a divertirmi quando la maschera ci ha condotti ai nostri posti. E lì ho avuto la sensazione di cadere dal decimo piano. Mi si è letteralmente spento il sorriso sulla faccia! Eravamo in fondo alla fila, ma incollati a un muro capitonné di almeno dieci metri di altezza! Su quella maledetta piantina avevano omesso di riportarlo. Non c'era nessuna via di fuga. Gli altri spettatori si sono alzati per farci passare. In quel momento ho sentito l'angoscia montare fino a farmi perdere sensibilità nelle gambe. Non mi reggevo più in piedi, migliaia di piccoli aghi mi pungevano le mani e le mie tempie battevano al ritmo di un metronomo. Avevo pochi secondi per trovare una soluzione.

Senza nemmeno pensare alla reazione del mio ragazzo, ho spiegato alla maschera che lui soffriva di una malattia per cui doveva poter uscire rapidamente in caso di bisogno e ho chiesto di trovarci altri posti. Quando la maschera si è allontanata, lui mi ha guardata con gli occhi spalancati, imbarazzato e stupito. Poi la maschera è tornata da noi e ci ha sistemati in fondo alla sala, primi della fila.

Mi sono sentita ripetere un sacco di volte: «Smettila con queste scene!»; «È tutto nella tua testa»; «Respira, passerà». Sì, in effetti è tutto nella mia testa. È una lotta contro i miei demoni. Ma questo non rende le cose meno difficili da controllare. Oggi cerco di godermi il presente, senza temerlo. Di fidarmi di ciò che l'universo mi riserva.

Be', compro ancora solo posti in testa alla fila. Il problema non è risolto, ma ci sto lavorando. Forse un giorno, passo dopo passo...

Paura di apparire brutta con gli occhiali da miope

Joëlle G. (Provenza-Alpi-Costa Azzurra)

Non sono una brutta donna per la mia età, sessantadue anni, ma sento sempre quella subdola vocina nella mia testa, che mi tormenta da quando avevo sei anni: "Hai visto che aspetto hanno i tuoi occhi dietro quei fondi di bottiglia che porti?". Piccoli occhi da carpa sotto gli enormi occhiali che mi permettono di vedere chiaramente le immagini, ma che rovinano seriamente la mia, di immagine. Per miracolo, August Müller, anche lui affetto da miopia, ha inventato le lenti a contatto! Questo mi ha permesso di salvarmi dall'odiato riflesso che mi rinviava lo specchio.

Mi tornano spesso in mente i rischi che correvo da giovane: guidavo la motocicletta più o meno alla cieca nelle strade di Nizza. E, non so se lo sapete, ma di notte i forti miopi distinguono chiaramente solo i colori (quindi i semafori. È già qualcosa! Ma, lo ammetto, era molto pericoloso e irresponsabile).

Questa paura mi limita ancora oggi. Per esempio, se la suoneria di Skype mi risuona nelle orecchie, senza preavviso, la sera, quando le mie lenti riposano nella loro soluzione igienizzante, non potrei che mostrarmi con gli occhiali. Invece no! Magari i miei meravigliosi nipoti vogliono parlarmi e io, con grande sofferenza, mi privo del piacere di vedere i loro adorabili musetti mentre chiacchieriamo! Non vedo niente, ma loro non lo sanno, perché sfodero il mio miglior sorriso.

Da dove potrebbe venire questo mio difetto di fabbricazione? Non è ereditario nel mio caso. I miei genitori novantenni hanno ancora un'ottima vista! Ho un'ideuzza: forse a sei anni avevo già paura di affrontare il mondo con i miei occhi da ipersensibile? Forse ho voluto proteggermi rimanendo nel vago...

Paura di non riuscire a fare tutto

Anne-France L. (Île-de-France)

Ho paura di non riuscire a fare tutto ciò che devo in un giorno, in una settimana. Al di là di questo, sento di non avere mai abbastanza tempo in generale da dedicare a me stessa, di finire per trascurarmi.

Quando la paura mi prende, il respiro si fa corto, le emozioni si amplificano e tendo a ingigantirle. Per tenere a bada questa paura cerco di organizzare tutto con scrupolo, in particolare stilando delle liste. Non mi fido della mia memoria, perciò annoto ogni cosa. È una pratica che mi tranquillizza, perché posso smettere di pensare a quello che mi aspetta e le mie attività sono pianificate in modo da riuscire, normalmente, a venirne a capo. Quando, nonostante i miei sforzi, lo stress legato a questa paura mi travolge, cerco di prendere le distanze, di calmarmi per avere una visione d'insieme, dare la priorità ai compiti del giorno e avere la sensazione di tenere sotto controllo il tempo.

Parlo poco della mia paura di non riuscire a fare tutto perché me ne vergogno. Essendo una terapeuta, mi crea disagio la mia incapacità di superarla completamente. In più, mi sembra insignificante rispetto ad altre paure più comuni e fondate. A volte i miei cari si prendono gioco di me quando vedono le mie liste interminabili. Non capiscono perché io dedichi tanto tempo a organizzare le mie giornate. Per evitare che chi mi sta vicino si accorga della mia debolezza, prendo la scusa che il mio lavoro richiede una pianificazione impeccabile (cosa non completamente falsa, ma in realtà è soprattutto una copertura).

Non saprei dire a quando risalga questa paura, ma non l'ho sempre avuta. Di recente ho letto una frase che diceva: «La vita non è solo una lista di cose da fare, bisogna godersela e vivere appieno». Forse parte della soluzione si trova proprio in questa frase...

Paura delle giostre
Stephan A. (Occitania)

In quanto padre di famiglia in una zona rurale, dove culturalmente il capofamiglia è una «roccia», avere delle paure è altamente sconsigliato.

Potrebbe essere interessante, in questo contesto, parlare della mia paura di quelle che chiamo le giostre «grattacielo»! Di fronte a simili installazioni, chiunque non ami il tipo di sensazioni che danno non ha che da passare oltre, e il problema è risolto. Ma quando sei in compagnia dei tuoi amici o dei tuoi figli, che si divertono a prenderti in giro, il dilemma diventa cruciale: farsi coraggio o tirarsi indietro, sapendo che il tuo comportamento sarà al centro delle conversazioni per mesi?

Quando l'opzione dell'evitamento puro e semplice svanisce, tutte le strategie sono buone. Innanzitutto, suggerire qualche misura di dissuasione: «Deve fare un sacco di freddo (o di caldo) lassù!»; «C'è troppa fila, non ho voglia!»; «Abbiamo appena mangiato una gaufre con panna e Nutella, meglio lasciar perdere!»... Ma nel mio caso di rado una di queste funziona. Allora subentra la rassegnazione, ma una rassegnazione «avveduta», che è diversa dall'abbandono. Bisogna trovare il prima possibile il sedile meno esposto agli sguardi degli altri, in modo da poter chiudere gli occhi durante quei pochi minuti di supplizio ed evitare di urlare, concentrandosi sul padroneggiare le proprie smorfie.

Difficile uscire indenni da questo tipo di esperienza. Quando scendi hai un colorito un po' livido, e i commenti si sprecano: «Hai chiuso gli occhi»; «Sei pallido, hai avuto paura?». Bisogna mantenere una totale compostezza e inventare qualche scusa di sana pianta: «No, no, mi era entrato un moscerino nell'occhio».

Paura degli squali in piscina
Aurore T. (Champagne-Ardenne)

Nata a luglio, il mio segno zodiacale è un segno d'acqua: il cancro. Eppure l'acqua non è mai stata il mio elemento. Anche mia madre ne aveva paura, e mio padre ha imparato a nuotare a quarant'anni. Ho odiato i corsi di nuoto in cui restavo aggrappata al bordo, terrorizzata dopo una lezione in cui un compagno aveva ritenuto divertente tenermi la testa sott'acqua. Per fortuna sono riuscita a farmi dispensare da questa prova all'esame di maturità. Mi ci sono voluti anni per essere un pochino a mio agio nell'acqua, anche se tuffarmi resta un'impresa insormontabile e impensabile.

A questo si è aggiunta la paura degli squali. Potrebbe sembrare una paura comune o, comunque, comprensibile. Ma avere paura degli squali in piscina è molto più raro e ridicolo, lo ammetto!

Quando arriva l'estate, nulla è più piacevole che rinfrescarsi in una bella vasca dall'acqua turchese, limpida, senza pericoli apparenti. Di giorno, nessun problema, posso fare tranquillamente il bagno. Ma di notte è tutta un'altra storia. E con l'illuminazione accesa mi sembra sia ancora peggio. Non riesco a togliermi dalla testa l'idea che uno squalo spunti dal nulla.

Di chi è la colpa? Di Sean Connery, naturalmente! Mi rivedo nel salotto dei miei nonni intenta a guardare *Thunderball*. Il caro James Bond, mentre sguazza in una piscina, si trovava faccia a faccia con degli squali liberati attraverso botole segrete dal suo nemico giurato. È bastato questo per spegnere per sempre le mie voglie di un bagno di mezzanotte!

Mentre scrivo questo breve racconto, mi rendo conto che è la prima volta che ne parlo. Una confidenza salvifica? Sarà da verificare al prossimo bagno!

Paura dell'abbandono (compensata dall'acquisto di gioielli preziosi)

Manon P. (Belgio)

La paura di cui voglio parlarvi è quella dell'abbandono. Non ho paura di restare sola, perché trovo che non ci sia nulla di male nell'essere soli. Tuttavia ho paura che chi amo scompaia in un modo o nell'altro dalla mia vita. È per questo che sono molto prudente nelle amicizie e che ci metto un sacco di tempo prima di confidarmi e di fidarmi. Sono «selettiva», nel senso che cerco di circondarmi di persone che resteranno e che non rischiano di tradirmi o altro. Ovviamente, è una missione molto difficile, se non impossibile. Questo a volte mi complica la vita, me la rovina sicuramente molto e mi rende infelice.

Nella mia scuola si poteva uscire durante la pausa pranzo e, dato che l'istituto si trovava in centro, avevo accesso a tutti i negozi. Allora entravo spesso in oreficeria per comprare gioielli. Ma attenzione, non gioielli qualsiasi! Solo quelli di qualità. Non perché fossi pretenziosa, ma perché volevo che mi accompagnassero ogni giorno il più a lungo possibile, magari per tutta la vita. Insomma, che non mi abbandonassero. Per me è indispensabile poterli indossare per fare la doccia, il bagno al mare o mentre pratico uno sport senza che si rovinino. C'erano due negozi in cui andavo spesso per scegliere i miei nuovi «compagni». Ma non volevo che si pensasse che sperperavo i miei soldi, così, ogni volta che le commesse mi chiedevano se dovevano fare un pacchetto regalo, rispondevo di sì.

L'origine di questa paura dell'abbandono risale, penso, alla mia infanzia, quando ho perso le mie due nonne, l'una dopo l'altra, all'età di dieci anni. Non ero affatto preparata alla scomparsa delle persone che mi erano care (anche se non lo si è mai davvero).

Paura di mostrare i miei piedi

Marie D. (Paesi della Loira)

Non sono affatto una scrittrice, ma vi racconterò il mio più grande complesso.

A diciassette anni, il mio primo lavoro è stato cimare il mais. In un'atmosfera da campo estivo, tutti campeggiavamo sul posto. Ciascuno si occupava della propria fila di mais, senza poterci vedere l'un l'altro, così cantavamo e ridevamo molto. Il nostro compito consisteva nello strappare le infiorescenze maschili dalle piante per impedire l'autoimpollinazione. In quel periodo ero ossessionata dai miei piedi! Uno era egiziano, a scala, l'altro romano; insomma, a lungo li ho nascosti allo sguardo altrui. Espadrillas, infradito e sandali erano tabù per me... Un giorno un podologo mi ha perfino proposto un intervento per spezzare le ultime dita dei piedi, tutte accartocciate, e raddrizzarle! Che idea! Nel tempo e soprattutto con un sacco di lavoro ho imparato ad accettare il mio «difetto di fabbrica». Mi sono messa a nudo (solo i miei piedini, però!) e, da vera rompiscatole, ho insistito fortemente affinché tutti i miei colleghi del campo di mais facessero lo stesso. Poi ho avuto l'idea di disegnare i piedi di tutti. Ce n'erano di piccoli e paffuti, larghi, greci, romani e persino palmati! E così ho potuto relativizzare il problema, perché c'erano piedi davvero strani!

La morale di questa storia è che poco importa quale sia il complesso, bisogna riuscire a parlarne per sdrammatizzare. Perché accettarsi da capo a piedi è la base di tutto!

Paura di non riconoscere le persone
Audrey N. (Bretagna)

Non so se posso definirla una paura inconfessabile, ma sicuramente è il colmo... In sintesi: ho trentadue anni e lavoro con malati di Alzheimer, Parkinson eccetera. Li assisto nella vita di tutti i giorni e conduco anche workshop per stimolare e mantenere attiva la loro memoria. Pertanto potrei definire inconfessabile il fatto di non essere per niente, ma proprio per niente, fisionomista. Di conseguenza, ho spesso paura di non riconoscere le persone.

Perché io riconduca un nome a un volto, quella persona deve avermi davvero colpita (per così dire): deve esserci stata una conversazione, un'emozione particolare o qualcosa di insolito che mi permetta di ricordarla! La faccenda diverte mio marito perché lui è l'esatto opposto! Incontra qualcuno sul treno e lo riconosce anche se lo rivede in piscina con la cuffia in testa!

A titolo di esempio, qualche anno fa abbiamo passato il capodanno a casa nostra con una quindicina di persone. C'erano amici comuni e un amico di mio marito che non conoscevo. Era un uomo gentile, molto discreto e poco loquace. Circa cinque mesi dopo, siamo stati invitati da amici a cena, eravamo in sei. Ho salutato tutti e mi sono presentata a un uomo che credevo di non avere mai visto... ma ho percepito del disagio. Lui mi ha guardata in modo strano, mi ha detto il suo nome e ha aggiunto che avevamo trascorso il capodanno insieme, a casa mia. Imbarazzata, non trovando appigli per rimediare, mi sono scusata mille volte...

Non so davvero la causa del mio problema, forse sono i sintomi di un Alzheimer precoce (cosa che sarebbe proprio il colmo, data la mia professione). Ma può essere anche un riflesso di protezione del mio cervello, che separa ciò che è utile, importante, da ciò che non lo è, e il superfluo... sparisce!

Paura di sembrare ignorante
Mélanie P. (Alta Francia)

Ho riflettuto e penso che una delle paure che tengo per me, o almeno che non oserei confessare se non a poche persone, è quella di essere considerata una buona a nulla, di non avere «le capacità».

Sia nel lavoro sia nelle relazioni ho paura di sembrare sciocca e ignorante. Ho un'intelligenza pratica. I miei strumenti quotidiani sono le mani, sono creativa e faccio molto con le mie dieci dita. Ma appena si tratta di imbastire un discorso intellettuale, è diverso.

Per ovviare rido molto, sono superattiva e cerco sempre di mostrare la mia motivazione e le mie abilità. Se so fare qualcosa, voglio dimostrarlo. Possibile che inconsciamente mi dia da fare per gli altri per «accumulare punti»? Quando si parla di argomenti che non padroneggio o che sono troppo ostici per me, a seconda dei momenti, fingo di capire, cambio discorso, butto lì qualche battuta o mi sposto in un gruppo diverso per parlare d'altro. A volte oso ammettere di non essere ferrata in materia, ma subito dopo provo un senso di impotenza, sconfitta, nullità.

L'origine di questa paura? Non ne sono certa. Potrebbe derivare dalle lacune che ho accumulato durante gli anni di scuola, dalla mia dislessia. O dal fatto che mio padre, quando ero piccola, mi diceva che ero una buona a nulla. Ma forse è una paura irrazionale e non resta che accettare di essere più bravi in un campo piuttosto che in un altro.

Bananofobia
Vicky B. (Nord-Passo di Calais)

Sono un'adulta di trentadue anni e da diversi anni, non saprei dare una data precisa, sono bananofobica.

Questa paura fa molto ridere e a volte è oggetto di scherzi. Il peggio è quando le persone «per divertirsi» mi mandano foto di banane, mi regalano borse o altri oggetti con banane disegnate sopra, o ancora disegnano un viso su una banana e me la fanno ballare davanti agli occhi... Con il senno di poi cerco di riderci su, perché in fondo è esilarante, ma al momento non rido affatto. Ho i brividi, un senso di disgusto, i sudori freddi. Per dire, un giorno, a casa di una coppia di amici, ho fatto per buttare la bustina del tè nel bidone della spazzatura. Quando l'ho aperto, ho visto una buccia di banana. Ho fatto un balzo all'indietro ed ero talmente tesa che mi sono perfino stirata un muscolo.

Altro aspetto: lavoro con i bambini piccoli, a cui piacciono molto le banane. Devo fare uno sforzo enorme per non trasmettere loro la mia paura. Del resto ho dovuto dare delle spiegazioni, dal momento che scappo quasi in lacrime a lavarmi le mani ogni volta che gli consegno la merenda! Mi viene la nausea quando schiacciano i pezzi di banana tra le loro piccole dita o sul tavolo.

Una fobia è irrazionale e non riuscirò mai a spiegare le cause della mia. Non amo né l'odore né la consistenza né l'aspetto delle banane. È un problema piuttosto invalidante nella vita di tutti i giorni. Cerco di superare la mia paura, ma non è facile. Concludo qui, perché ho i brividi solo a scrivere queste righe!

Sono riconoscente a tutti coloro che hanno risposto al mio appello per la raccolta di testimonianze. I vostri aneddoti toccanti, profondi, a volte divertenti, mi hanno commossa e hanno arricchito la riflessione riguardo alle paure inconfessabili. Con tutta la mia gratitudine.

Amelia C. (Provenza), Anaïs G. (Normandia), Océane U. (Île-de-France), Régis R. (Paesi della Loira), Laura D. (Belgio), Anthony T. (Paesi della Loira), Chrystel D. (Île-de-France), Hélène S. (Alsazia), Céline L. (Belgio), Laurane M. (Alpi Marittime), Stéphanie B. (Rodano-Alpi), Héléna B. (Alsazia), Sandra D.-G. (Alvernia), Christelle W. (Lorena), Valérie K. (Alvernia), Vicky B. (Nord-Passo di Calais), Mélanie P. (Alta Francia), Géraldine R. (Occitania), Christiane M. (Île-de-France), Marie D. (Paesi della Loira), Manon P. (Belgio), Aurore T. (Champagne-Ardenne), Stephan A. (Occitania), Joëlle G. (Provenza-Alpi-Costa Azzurra), Aurélie M. (Nord-Passo di Calais), Carole P. (Occitania), Sarah P. (Occitania), Caroline P. (Québec), Mathilde R. (Paesi della Loira), Ève (Rodano-Alpi), Clémence N. (Normandia), Pauline B. (Nuova Aquitania), Aurélie P. (Costa Azzurra), Marlène L. (Occitania), Elsa M. (Alta Normandia), Gaëtan S. (Alvernia), Fiorella C. (Svizzera), Karine B. (Centro-Valle della Loira), Nadège H. (Normandia), Mathilde C. (Paesi della Loira), Alexandra C. (Belgio), Laetitia H. (Normandia), Christelle C. (Belgio), Anne-France L. (Île-de-France), Bérangère M. (Île-de-France), Yamina E. (Belgio), Margaux R. (Lorena), Claire

K. (Centro-Valle della Loira), Audrey N. (Bretagna), Lisa D. (Paesi della Loira), Justine M. (Alta Francia), Julie R. (Borgogna), Evelyne M. (Rodano-Alpi), Julie B. (Nuova Aquitania), Laurence S. (Occitania), Vanille B. (Belgio), Camille D. (Île-de-France), Charlotte W. (Belgio), Florence J. (Belgio), Audrey B. (Provenza), Anne-Lise A. (Bretagna), Cécilie F. (Occitania), Catherine L. (Belgio), Mélanie M. (Île-de-France), Cécile G. (Bretagna), Géraldine G. (Lorena), Céline T. (Belgio), Magali R. (Normandia), Sabine G. (Île-de-France), Fanny R. (Île-de-France), Virginie L. (Nuova Aquitania), Lucile D.-C. (Nuova Aquitania), Clarisse T. (Normandia), Stéphanie I. (Lorena), Séverine R. (Normandia), Éloïse G. (Rodano-Alpi), Hélène C. (Nuova Aquitania), Hulya A. (Belgio), Alicia B. (Alvernia-Rodano-Alpi), Géraldine G. (Linguadoca-Rossiglione), Aurélie P. (Lorena), Hélène B. (Bretagna), Manon A. (Occitania), Adeline B. (Alvernia-Rodano-Alpi), Florence A. (Nuova Aquitania), Florence M. (Lussemburgo), Karine K. (Nuova Caledonia), Aurélie G. (Provenza-Alpi-Costa Azzurra), Marie G. (Alvernia-Rodano-Alpi), Carine F. (Finlandia), Guylaine B. (Centro-Valle della Loira), Carole P. (Paesi della Loira), Aurélie F. (Occitania), Laetitia C. (Nuova Aquitania), Laurent L. (Île-de-France), Isabelle B. (Alta Francia), Jennifer G., Véronique S. (Lorena), Julie F. (Normandia), Magali M. (Paesi della Loira), Marie W. (Normandia), Sabine L.-M. (Belgio), Cécile M. (Svizzera), Laurence S. (Occitania).

Un immenso grazie alle persone a me più vicine, per il loro amore incondizionato nonostante le mie debolezze e la mia vulnerabilità. Grazie perché mi sopportate e mi supportate in tutti i miei progetti di vita! Se sono arrivata qui oggi, è grazie a questo sostegno favoloso, e non passa settimana senza che ci nutriamo a vicenda con i nostri scambi divertenti, sinceri, profondi... Il vostro amore mi fa crescere, mi dà fiducia, scaccia le mie paure e i miei dubbi.

La mia forza sei tu, mamma. Sei tu, Stéphanie, mia sorella gemella. Senza di voi, nulla sarebbe possibile.

Grazie a te, Vadim, figlio mio. Sono così orgogliosa di te, che riveli ogni giorno di più la tua profondità, la tua essenza. Osando finalmente mostrare la tua sensibilità, lasci trasparire la tua luce e diventi ancora più forte.

Grazie a te, Céline, mia editrice. Sono così felice che questo romanzo sia pubblicato da Récamier, la nuova casa editrice che hai creato dopo tante tempeste! Grazie per il tuo accompagnamento pieno di delicatezza e professionalità. Da sola, dai un senso all'espressione «casa editrice». Grazie anche al Team Giordano: Grégoire, Vanessa, Charlotte, Anne, Léna, Emma e tutti gli altri che lavorano instancabilmente per promuovere i miei libri.

Sono immensamente riconoscente anche all'azienda Terrasse et Jardin de Paris, studio di architetti paesaggisti, e in particolare a César, Janice e Robson, per essere stati così gentili da accettare di farsi intervistare. Grazie a loro ho potuto scoprire questo mestiere e creare l'ambientazione verde ed esotica del romanzo con molti dettagli autentici.

Il mio cuore è pieno di gratitudine anche per voi, mie care lettrici e miei cari lettori, che mi fate l'onore di seguirmi! Tanto più che, questa volta, sono stata io ad avere l'onore di leggervi! Quando vi ho chiesto di raccontarmi le vostre paure inconfessabili, siete stati in molti e molte a rispondere, e ho letto con emozione e interesse ciascuna testimonianza... Le vostre parole mi hanno profondamente toccata, e non vi ringrazierò mai abbastanza per avermi rivelato una parte così intima di voi stessi!

Tra me e voi c'è un legame speciale. Unico. Tenero. Aperto. Senza giudizio. Grazie per la vostra fiducia e il vostro affetto che mi hanno sostenuta durante tutta la realizzazione di questo progetto.

Grazie anche a Bénédicte, la mia terapeuta Gestalt, che mi offre uno spazio dove riflettere in modo acuto e sensibile e continuare a esplorare le mie particolarità e fragilità. Il cambiamento è un processo che avviene dall'interno. Spero che, attraverso questo romanzo, i grandi ansiosi possano sentirsi meno soli e capire che, rispettando meglio la propria natura, si finisce per far emergere il meglio di sé.

Buon viaggio a tutti, e un consiglio: non preoccupatevi di quell'ombra che vi segue ovunque... è proprio lei che rivela meglio la vostra luce!

Vi abbraccio.

Raphaëlle Giordano